JN241987

神様の真似をして生きる

一

本当の宗教、本当の信仰とは

本山博 講話集

宗教心理出版

序文

本書は二〇一五年に亡くなった本山博玉光神社初代宮司の玉光神社における講話の自選集である。本書成立のいきさつは編集後記に譲るとして、著者自身の選択とその順序のままなので、他の著作との重複部分があるが、そのままにしてある。他の著作に掲載されているものは、その著作の内容に合うように編集がなされているが、本書においては元の講話の原型をとどめている。

講話はいわば一話完結型のドラマであるのだが、それらの一つ一つを珠に譬えれば、著者自身がそれらの珠をテーマに即して選んでつなげ、数珠となしたのが本書である。そして、この数珠は著者の宗教思想を連続ドラマのように雄弁に物語っている。

著者にとって宗教とは人間のためのものではなく、創造主たる神のためのものである。また、父として接した著者は強い厭世的な一面を持っていた。しかし、著者の宗教思想は単に彼岸志向なのではない。人間が自己否定をして超俗的な神のもとに還るという思想はそれだけを見れば彼岸志向であろう。しかし、著者の宗教思想によれば、神は自由無碍な神としての自己を否定して、この世界に即してこの世界を支えて生かしている。つまり、神は世界を愛している。その神のもとに還ることは決して現世否定だけに終わるものではない。その意味するところは超作の論理によって端的に示されている。それを本書のドラマから読み取っていただきたいと思う。

最後に、本書は著者の遺志を受け継いだ著者の夫人であり私の母である本山カヲルによって製作されたが、それは文字通り老体に鞭を打つ、鬼気迫る仕事ぶりであったことを付しておきたい。

本山一博

第一巻　信仰、人間

目次

二章　人間
——神様と人間・地球と人間

一章 信仰

――本当の宗教、本当の信仰とは

㈠　信仰と神様へのご奉仕

(1)世界平和のお祈り

時空を超えて

二十年ぐらい前に根府川(1)でお行をしている時、『二〇〇四年になると、人間社会にとって大変なことが起きる』というご神言がありました。どのぐらい前だったか忘れていたけれども、権宮司(2)がその時一緒にいて、「あれは二十三年ぐらい前だった」と言うので、そうなのだと思います。

神様の世界で意識が目が覚めている時には、過去とか現在とか未来とかいうのは区別がなく一つになってみえるから、時間をいつも超えたような具合で生きていたように思うのですよ。二十数年前にそういうご神言があったということですが、その二十数年ぐらい前には、まだどういう災害があるのか、もうひとつはっきりしなかったのです。

それが、十年ぐらい前になってか、十五年ぐらい前からか、ああ、これは宗教の争いがもとになって起きる。物が原因で起きた争いは、物の面での解決なり決着なりつけばお終いになるけれども、心の争いというのはそう簡単には収まらない、だから大変だな、と思うようになりました。

「信仰」と「ご奉仕」は車の両輪

今からお話ししたいことは、信仰というのは、「神様へのご奉仕」ということが、車の両輪のように必ず一緒に動かないような信仰ではだめだ、ということです。

もう長い間信仰が続いている方たちを見ていると、神様のことがよく分かって、それぞれの立場で、神様にご奉仕されている。

今日お参りされているSさんも、もう九十歳だけれども、世界平和のお祈りというと必ず根府川修練道場に行って、若い人たちと一緒にお祈りされている。自宅でお祈りしても神様はお受け下さるけれども、世界平和というような大きなお祈りを皆でお祈りするために、山の中にある根府川道場まで九十歳という年で行くということは、神様のなさっていることを心と魂の次元でよく理解をして、有り難いと心から思って神様にご奉仕する心がないと、できにくいと思います。

これも、神様への一つのご奉仕だと思うのです。

その時に、根府川に行くのに、電車賃をお宮に請求したり、あるいは自分がこれだけの仕事をするからこういう代償がほしいというのでなくて、本当に「世界が平和になれるように神様にお祈りさせて戴かないと勿体ない。お祈りさせて戴くことが、神様にお守り戴いていることへのご恩返しだ」という気持ちで、自分で行って皆と一緒にお祈りをする、これはやはり神様へのご奉仕になるわけですね。

自分勝手な信仰は続かない

そういう神様へのご奉仕がないような信仰は、自分だけがいいことがあるように、自分の思うことだけが叶うようにと願うだけの、自分勝手な信仰ですね。そういう信仰は、長くは続かないのです。

たとえばキリストがいろいろな奇跡を起こしていろんな人を救われた、それで多くの人が、自分の苦しいこととか病気とか、そういうのを救っていただきたいと奇跡を求めて集まってきたが、奇跡で救って戴いた人びとの多くは、わりあい早く信者でなくなったように思うのです。けれども、キリストの奇跡を通して、その後ろに神様が人間を生かして下さっているということを感じ取った人たちが、本当の信仰をもってキリストの教えを後世に伝えられた。

無償の心でご奉仕のお祈りを

人間もこの世界も神様が創って下さって、そして生かして下さっているということを信じ、自分が現在こうやって生きていることも、神様がなさっている力によって生かして下さっているのだと信じられたら、自然に、神様が今世界を平和にしようとされていることが実現されるように、あるいは、世界が二〇〇四年の大きな人間の危機に直面し、民族とか宗教の争いが起きているわけですから、そういうものが収まるように、また、各宗教が、あるいは各民族が、皆仲良くやっていけるようにというお祈りを、無償の気持ちでしないでいられないと思うのです。

そういうお祈りをしたからといって、そのために何か自分に都合のいいことが起きますようにというふうな心でなくて、ただ神様のご経綸に沿って、人間社会が平和に、皆が仲良くやっていけるように、各宗教がそれぞれの枠を超えて大きく成長できるようにというお祈りをする。自分のためでも、あるいは家族のためでもなくて、ただ神様がそういうふうに思し召しているから、それが実現できるようにと思って神様にお祈りしご奉仕することが、宗教にとっての、信者にとっての、非常に大事なことだと思うのです。

信仰は、自分のためだけの信仰ならば、これは続かないのです。だから本当に神様のことが分かったら、神様へのご奉仕、自分の何か、あるいは家族のための何かではなくて、神様のご経綸が成就できるように、一滴でもいいから自分の力が神様に届くように、そして世界を動かしていらっしゃる神様の大きな目的が達せられるように、無償の心で神様にお祈りしご奉仕することが、信仰のもう一つ非常に大事な柱だと思います。

神様のお計らいで受けた心臓冠動脈バイパス手術

私自身は、心臓が二、三年前から悪かったと思うのです。しかしアメリカの大学

(CIHS)[3]のこともあるし、ともかく去年一年、背中のT3〜T5の横の辺が痛くて困ったけれども、アメリカでいろんな場所へ行って講演をしたり、大学の立て直しを一生懸命にして、とうとう去年の暮れぐらいからだいぶ痛みがひどくなって、井の頭公園の各所にある小さい坂が、背中の筋肉が痛くて上がれなかった、息が詰まって心臓がどきどきして。それまで何度も日米のいくつかの病院で検査を受けてみたけれども、どこも異常はないということだったが、これはどうもおかしいというので、今年の一月七日にもう一度調べてもらったら、狭心症だということでした。で、慶應病院に緊急入院してカテーテル検査をしてもらったところ、三つある冠動脈がほとんどみな詰まっていて、もう一歩で死ぬというところで、「危ういところでしたなあ」と、循環器科の小川教授が何回も言われたものですから、危うかったのでしょう。自分では死ぬなんて思いもしませんでしたけれども。

慶應病院では、バイパス手術は、心臓を止めてバイパスを作った後、再度心臓を動かそうとする時に動かなくなることもあるから、年齢が高いとその危険度も高いということで、バイパス手術は止めたのです。そして詰まっている三カ所にステントを入れて、大丈夫ということで四月にCIHSでの仕事のためにアメリカへ行きました。

ところが、左冠動脈の根元のところが少しずつ詰まっていったらしくて、途中で寄ったハワイのマウイ島で、なんかおかしい、どうもこのままいくとすぐ心臓が止まりそうだなという気がしたものですから、救急車を呼んでもらって病院に入って検査を受けて、その結果、さらに救急の飛行機でマウイ島からオアフ島のホノルルに行って、その明くる日（五月五日）の朝八時頃から十二時頃まで開胸バイパス手術を受けた。慶應で一応臨時にステントを入れてくれたので二、三カ月は命がもって、ハワイでうまいこと手術ができた。

これも神様のお陰だなと、本当に思うのです。

世界の大事に当たって

今まで自分の一生を振り返ってみると、大きな世界の争いとか、大事の時には、どういうものか、私自身が手術をしたり、何か身体に大きな変化が起きる場合が多いのです。

昭和十三、四年ごろでしたか、私がまだ十二、三くらいの頃でしたけれども、神様がお下がりになって、『吾子に世界を導いていく仕事をさせる』というご神言(4)が、お代様(5)にあったみたいですね。

その頃はまだ私は、生母と別れて、(6)継母の下に育って、あんなにやさしかった神様がなんでこんなに苦しい目にあわすのかと、ときどきは神様のことを恨めしく思った。二十歳ぐらいまではそうでしたね、玉光神社へ戻るまでは。(7)

そういうわけで、十九歳の時にも、世界大戦が終わる前の年でしたけれども、耳の手術を三回したわけです。サイパン島のお浄め(8)に行った後も胃がんになった。今度も、二〇〇四年になって、心臓で死にかけた。

私の、神様へのご奉仕

そこで今度の時に思ったのは、そうだ、人間はいろいろ自分の勝手で、宗教を守るとかなんとか言いながら、実際は自分たちの利益のためだけに争ってきたし、今も争いが続いている。そういう人間の争いというのは、神様の心に、一つの「神の痛み」というのでしょうか、そういうものをつくる。キリストの場合にはそのために死なれたわけです。

今度も、私だけでなく、或るインドの聖者で、ちょうど私がバイパス手術をしたころに、骨が折れて動けなくなったという方があり、皆さんもたぶん知っていると思います。世界中に私のような人が何人かいて、世界のために生涯かけてお祈りをしている。自分のためにお祈りしているのではなくて、本当に神様のご経綸が成就できますようにと、お祈りをしているわけですね。それが神様のご意思だと思うのです。

神様の心と一緒になって働いている人たちにとっては、こういうお祈りをして神様に仕えてご奉仕する役目が当然あるわけです。

五月、六月頃は、五分ぐらい歩くと、二、三十分休まないと心臓がどきどきして動けなくて、日本に生きて帰れるように実感できたのは、七月末か八月の初めぐらいからでした。

そんな中で、六月の末ぐらいから少しずつ朝坐れる（坐行ができる）ようになって、手術後も滞在し療養していたホノルルでも坐っていたわけですが、その時に、

「ああ、これは神様へのご奉仕なのだ。人間が勝手なことをするために神様の心に生じた一つの神の痛みというようなものが自分の身体の上に出てきた。それは、キリストが磔になって亡くなられたことと変わらないことなのだ」

と思えて、

「これから生きている間は世界のために、人間のために、あるいは地球のために、信者のために、一生懸命にお祈りをしなければいけない。これが私の神様へのご奉仕なのだ」

と、改めて思うようになったのです。

覚悟あらたに

あまり痛い目に遭うと、これだけ一生懸命にしているのに、なんでこんなにひどい目にばかり遭うのかなと思う。キリストも、亡くなる前に、「どうしてこんなひどい目に自分は遭わなければいけないのですか」と神様にお尋ねしたら、神様が、「それによって、ユダヤ人がもっているカルマを救い、人間を救うことができる」と仰せになった。

今、イスラエルとパレスチナの間の民族の争いのカルマはまだ続いてはいますけれども、キリストがそれを救うための種を蒔かれたのだから、必ずいつか解決すると思うのです。それが一つの宗教者の役目でもあると思いますから、一生懸命に神様への、それから皆様へ、あるいはまた、世界のためにご奉仕をしなければいけないと、覚悟を新たにして戻ってきたのです。

真の信仰を

以上、今日お話ししたかったのは、本当に神様のことがよく分かって、信仰が続いている人は、必ず、ご奉仕ができるということです。神様へのご奉仕が伴わないような信仰というのは自分勝手な信仰だということを、皆さんによく理解してもらいたいと思います。

それでは今日はこれだけで終わりましょう。

（二〇〇四・九・二三　月次祭）

(2) 本当の宗教を

お願いだけの信仰は本当の信仰ではない

人間が神様にいろいろ、こうして戴きたい、こういうふうになりたい、というふうなお願いをしたら、神様は、その願いが正しければその通りに叶えて下さるし、また、その願いが、大きく神様の目からご覧になって、本当はその人が願っているAではなくてBの方がいいと思われた時には、Bという結果が起きると思うのですけれどもね。

いずれにしても、そういうふうに私たち人間は、神様にいろいろお願いをする、そして叶えて戴く。

しかしそれだけでは、本当の信仰ではないのです。

魂は科学では分からない

私たちがこうして生きているのは、神様のお力がいつも私たちの中で働いているから、私たちは生きていられる。

しかし今の科学の世界では、魂とか心のことは何も手がつかないのです。去年私が出した『脳・意識・超意識』という本[9]の中に書いてあるとおり、科学では、分かるのは、脳の細胞、ＤＮＡ、そういう「物」しか分からない。分かるのは電気現象とか物理現象とか化学的な現象が分かるだけで、意識の内容については科学では分からないのです。

脳のこういう部分を刺戟したら昔のことを思い出したといっても、思い出すのは本人が思い出すので、医者に分かることは、そこを刺戟したら電気的な反応が起きて、血液の量が増えてきた、あるいは、コリンとかアドレナリンとかドーパミンとかというふうなホルモンが増えたということが分かるだけで、それ以上のことは決して分からない。科学というものでは心は分からないのです、どんなに逆立ちしてみても。

ところが、そういう心が実際は私たちの本当の存在を支えているもので、その心の背後に魂があって心の働きがあるわけですが、身体を創ったり、創ったその身体と関連をしながら、それを道具として使って動いている心を操っている魂は、我々の目には見えない。そして我々に意識できるのは、魂が創って操っている身体にひっついて働いている意識だけなのです。

魂を忘れた現代

そういう魂があるということを、今、科学や資本主義が非常に盛んになったために、つい人びとは忘れてしまっている。年を重ねて今私は耳が遠くなったけれども、こうして補聴器をかけたら聞こえますよね。そういう道具、科学が進んだおかげで作り出された様々な便利な道具に、ついごまかされてしまうわけです。

だけど、補聴器を付けたからといっても、それによって外から入る音が増幅されて、それが最後に脳の中の聴覚領で日本語なら日本語として纏められても、その日本語の意味を理解するのは脳ではないのです。理解するのは、人間の心、魂が理解する。脳を道具にして使っている魂が理解するわけです。

そういう魂が今は忘れられている。魂の世界ではじめて、こうしてはいけない、こうしなければいけない、人間は仲良くしなきゃいけないという判断ができる。

宗教と道徳の違い

今、世界にいろいろな宗教があるけれども、全ての宗教は皆、それが出来た時代と所の生活に即して、そこの人たちが生まれた所で幸せに暮らせるような形で神様が啓示して下さって、出来た。そして啓示を下さった神様を信じて皆が纏まれるように、「道徳」というものが出来たわけです。

だから、道徳というのは、そういう意味では非常に二次的なものなのです。元にあるのは魂の世界、あるいは神様の世界の教えが一番初めの元で、道徳というのはそこから出て来て、人間が今住んでいるところで仲良く安全に暮らせるにはどうしたらいいかを具体的に示す。砂漠で住んでいる時には砂漠に住んで皆が仲良く生きていけるのにはどうしたらいいかという、具体的な生き方を教えたのが道徳だけれども、その元にあるのは、各宗教を創始された方が、神様と一つになって得た智慧なのです、人間はどういうものかという。

しかし今の宗教では、道徳だけを振り回して、その道徳だけで成り立っている宗教が非常に多いですね。そしてどうしてその道徳が成り立つのかということになると、分からない。道徳だけで満足しているのです。

「物」だけの世界は争いを生む

ところが科学の世界は道徳までいかない。魂の世界を忘れてしまって、物だけの世界ですね。物だけの世界では、身体は、物としての感覚で物を知るよりしようがない。だから、おいしい物を見たら、腹が減っている時には食べなければいけないですね。どうしても食欲というものが出てくる。

それでは、無い時にはどうするか、それが手に入れられない時にはどうなるかというと、食べる物が非常に少ないと、お互いに奪い合って、相手を殺し合って食糧を略奪するのが、食糧の少ない風土のもとでは大昔から生活の一部になっていた。自分たちの血族だけが生き延びるためには、食糧が足りなければ他の血族、他の民族をやっつけて食べる。そういう生活がずっと何万年も続いてきた。

日本は今、いろいろな技術でコンピューターを売ったりなにかしていっぱいお金が入る、それでいろいろな食糧を外国から買っていて、それで食糧があり余っているように見えるけれども、たとえば中国がだんだんに日本と同じように贅沢な生活ができる人が十五億のうちの何億かになってきて、石炭は輸出しない、エビも輸出しない、そのうち米も大豆も輸出しないというふうになったら、もう日本は食べる物がなくなってしまいますね

だから今のうちに、日本も自給自足ということを考えておかないと大変なことになると思うのに、目先のことばかり考えて、そういうことをできないのが今の政治家かもしれません。もうちょっと根本的に、人間は何で生きているかということを考えなければいけないと思います。

本当の宗教を

宗教も、こういう根本的なことを考える宗教というと、今は流行らないようですね。道徳だのなんだのと、そういう二次的なもので、人間はこうしたら幸せになれる、ああしたらこうなる、ということを説いている方がはるかに人が入りやすいわけですね。「笑う門には福が来る」という類の標語のようなのが売り物になっている宗教もある。――それでは困るのです。「人間とはなにか」ということを、もっと基本的に深めていく（玉光神社は小さな教団ですが、そういうところで成り立っているのです）。そういうことが今世紀は非常に大事だと思うのです。

『二〇〇四年』というご神言のあったのも、つまり人間が表面的な科学に押されて、人間への理解が本当に表面的な物の面だけでの理解になってしまった。そして道徳も忘れてしまって、日本でもどこでも、凶悪な犯罪が今は当たり前になってきた。それは、魂や道徳を忘れているからなのです。

せめて道徳の世界に目が覚めるといい。しかし、その道徳は何によって成り立っているかということは、魂の世界に目覚めなければ、その根源が分からないわけです。あと二十〜三十年のうちに、どうしても魂の世界に目が向いてこないと、今でさえも、もうテロだのなんだのといって、昔の戦争は軍隊だけで戦争すればよかったが、今は、ホテルであろうとレストランであろうと駅であろうと、どこでもいい、人が集まっているところで人を殺せばいいというわけだから。それなのに、「自分たちの宗教は正しい」と思って、他のやつは皆悪魔だと言う、そういう宗教ではだめなのです。

本当の宗教を説かないといけない。

「魂に目覚める」ことの大切さ

今の時代は、地球上の全ての国ぐにが、独立して自分ひとりではもう存在できなくて、互いに連携しあってしか成り立たなくなっている。こういう時代にさしかかって、宗教も、キリスト教だの仏教だのイスラムだのの枠をこえた、地球社会を支えうる宗教に進化しないといけない。そして、そういう宗教の基となるものを創るというのが私の神様から戴いた役目だと思うから、一生懸命にこれからも努力していきたいと思っています。

宗教をもつことをすすめる努力を

そういうわけで、今、「宗教」というもの、あるいは「魂に目覚める」ということが人間にとって一番大事なことだから、皆さんは神様に「ああしてほしい、こうして戴きたい」という個人的な自分の願いばかりをするのではなくて、神様に生かして戴いているのだから、それを神様に感謝し世界平和のお祈りをすると共に、周りの人に少しずつでも、宗教をもつこと、魂に目覚めることがどんなに大事かということを教えてほしいと思うのです。

それが神様へのご奉仕の一つだと思います。

お禊も大切なご奉仕

それから、昨日、七日のお禊(10)に、いつもと違って、ずい分人数が少なかったから、皆、ご奉仕の精神が少しなくなったのだなと思いました。やはり神様へのご奉仕は具体的な形で表さないとね。

玉光神社の教えの本質

それから、さっき話したように、皆に宗教の大切さについて伝えるときには、相手の人たちがどこかの宗教にすでに入っているのなら、本当にそれを喜べばいい。入ってない人たちには、玉光神社なり、あるいはその人たちの近くのどこかに宗教があって、その人がそこに入りたいというならば、そこに入り、信仰がもてるように話すことが大事だなと思うのです。

玉光神社については、「うちの宗教が一番上等だ」などというふうな宗教は、たとえばキリスト教やイスラムでは、そういうことからしょっちゅう戦争をしてきたわけですから、玉光神社の宗教が一番上等だなんて言うことはないのです。ただ、玉光神社の教えは、「世界のいろいろな宗教が一つになれるような、宗教の基本になるものを教えている」というふうに伝えればいいのです。そういうふうに自信をもって皆に伝えてほしいと思うのです。

真の信仰がもてたら

信仰をもっていなくても全ての存在は神様に支えて戴いているのですから、誰でも神様につながってはいるけれども、神様の方に向けたということは、人間は今生だけで終わるわけではないですから、必ず次の、死んでからの世界までずーっとつながって成長ができるということなのです。

だから、信仰をもつということは幸せだと思います。成長ができないというのは、いつまで経っても苦しみが――釈尊が言われたように、この世の中は苦の世界で、自分があって、他のものがいて、自分がしたいと思っても、他のいろいろなものがあって、そういうものとの調和ができないと苦ができる。人間の智恵とかあるいは体力とかというものは限りがあるから、どうしてもできないことが多い。苦しみができる。

ところが成長すると、自分の考えたことが、自然に皆に通じるような考えになるようになる。そして自分が思ったことが、実際に現実に自分の周りにできるようになる。神様によくお願いをしていたら、あ、本当に家庭の中が良くなったとか、ある人の病気が治ったとか、就職ができたとか、いろんなことが起きているはずなのです、今までに。

起きていないのは、皆の信仰が足りないからなのです。何か自分のカルマがあって、それを超えていくための信仰が足りないから、そういうふうになってしまう。必ず栄えるはずなのです。栄えないというのは、やはり信仰が足りないのです。

――それから、M君は、自分のいろいろなもので病気が起きても、そんなものは気にしないようにね。寿命と病気とは別だからね。信仰をもって、のんびり暮らせよ、一生懸命にね。

まとめ
（神様へのご奉仕に努めるように）

今日は、
（一）神様に支えられているのだから信仰を皆に勧めるように、それが神様へのご奉仕だということ
それから、
（二）禊をもっとするように、実際の行動をもって神様へのご奉仕に努めるようにという話をしました。ご奉仕のない勝手な信仰ではだめですよ。勝手でない信仰をもつ人がもっと沢山ここに集まってくれれば、それなりに世界を動かす力がもっと増えると思います。

では、今日はこれだけにしましょう。

（二〇〇四・一〇・八　感謝祭）

(二) 聖地

(1) 聖地へお参りできる幸せ

(本山) 今日、(玉光神社小豆島ご本宮の) 大鳥居から中へ入ってまず最初に感じたことは、皆さんも気付かれたと思いますが、神社の周りの山々は木が枯れて禿山のようになりましたけれども、ご本宮のご神域だけは、昨日、一昨日の台風にもかかわらず、山の木々が青々と繋っていて、神様がお下がりになった所、いわゆる聖地と申しますか、そういう所は、神様のお力によって、周りの自然がいかに移り変わっても、変わらない姿が保たれている、それを非常に強く感じました。

そして、年に一回ですけれども、このご神域に参入し、神様のお守りを戴ける大祭にお参りできるということがどんなに幸せなのかということを、非常に強く感じました。

今年五月、私は心臓を手術しまして、その当時は、日本へ生きて帰れるかなと思ったりもしたのですが、幸いにして元気になって、今日皆さんと一緒にお参りできたことを、ほんとうに心から神様に感謝申し上げました。

ご神域の木々が周りの山々のように枯れないで青々と繁っていることが、信仰とどういうふうにつながりがあるかということを、明日の大祭の後で皆さんにお話ししたいと思います。

神様が神様として鎮まられている聖地

（本山二）本日から明日にかけて二日間、小豆島大祭が行なわれます。玉光神社においては一番大きな行事ですので、信徒の皆様も、それぞれ、真心をもってこの島にいらしたことと思います。

皆さん十分ご承知のこととは思いますが、お祭りの流れを今一度ご説明させていただきましょう。

小豆島は、日頃、神様が、宮司様のお言葉をそのまま使わせて戴けば、神様が神様としていらっしゃる場所であります。そして、その神様が、神様であることをある意味でやめて、――というのはおかしいですけれども、私たちにとっての拝む対象の神様として、つまりこのお祭りのご祭神として、この拝殿にお出まし戴く。それがこの前日祭に当たるわけです。

前日祭では、大神様が人間に対する神様ではなくて、神様のままでいらっしゃるご本殿に、私たちが参道を歩いて登ってお迎えにあがります。そこで私（祭主）が神様に「どうぞ、私たちと一緒にお山を下って幣殿の御神輿にお下がり戴いて、私たちのお祭りをお受けくださいますように。また、大神様はこのお祭りにおいて神々を、また、この土地の聖霊たちをお集め下さり、お祭りを司どる神様として、この御神輿にお下がりくださいますように」と、そのようにお願い申し上げて、こちらにお下がり戴くわけです。私たちはそのお供をさせて戴く。そして、幣殿で御神輿にお下がり戴くためのお祝詞をここでお山から帰ってきてあらためて祭主が申し上げて、それでお迎えのお祭りは終わりです。

その後に、神様をお迎えしての明日のお祭り（大祭）を皆で喜び、お祝いするために、ご祝宴があり、神様をお迎えした喜びをご祝宴で感じて、さあ、いよいよ、明日は大神様をここにお迎えしての本祭というか、それが明日の小豆島大祭に当たるわけです。

真心をもって神様にご奉仕

ここで皆さんに申し上げたいことは、神様は人間ではありませんから、なにも我々がお迎えに上がらなくてもいいのではないかと思われる方もあるかもしれませんが、確かに神様は人間ではいらっしゃらないけれども、私たちは、所詮、人間ですから、人間に対する形でしか何も表せない。だから我々が我々で表せる形で、神様に最大の礼をお尽くしするわけです。或る意味でそのように演じるわけですけれども、それを真心で演じきってこそ、神様は、ああ、そうか、おまえたちの真心に応えて一緒に山を下ってお祭りを受けよう、――神様はそんなふうに人間みたいに仰せになることはないと思いますけれども、我々は我々の真心をそのように、神様があたかも、ああそうか、おまえたち、そんなに真心があるのかと神様にお受け戴けるようにお迎えの儀式をお仕えしきらないといけない。

そのためには、皆さん、本当にここに座った今この時から、大神様をお山にお迎え申し上げて、そしてお供をして下に下がってきて、そしてまた、玉串奉奠をして儀式が終わるまで、神様に礼を尽くして、真心ひとつでこのお祭りに参加して戴きたいと思います。そして、いよいよ、明日の大祭となるわけです。

皆さん十分ご承知のことをあらためて申し上げるのもなにでしたけれども、今一度、前日祭の趣旨を説明させて戴きました。

（二〇〇四・一〇・二二　本宮大祭前日祭祝宴）

(2) 聖地と神様の世界のお力

神様の世界は因果を超えた世界

（本山）皆さん、大祭ご参拝、ご苦労さまでした。

一昨日は台風で、皆さんがお祭りに（小豆島に）来る途中で難儀に遭わないように、よくお祈りをしました。お陰で、昨日の前日祭も今日のご大祭も本当に美しい晴天に恵まれました。

昨日話しましたように、周りの山は木が枯れてしまっているのに、ご神域のところだけが木が青々と変わらないで生えている。それを見て、因縁の世界、因果の世界の中で生きたり滅んだりするのが私たちの世界ですけれども、そういう、死んだり生きたり、あるいは栄えたり衰えたりする世界の中にありながら、神様のいらっしゃる聖地は、そういう生死や栄枯盛衰を超えて、いつも青々と繁った状態であることを神様に見せて戴いたと、昨日非常に深い感銘を受けたわけです。

信仰をもつということは、そういう因果を超えた世界の中にいつでも神様とつながっておれる状態であるということなのです。身体は衰えたり元気になったり、あるいは死んだり生きたりするけれども、神様の世界では、生きたり死んだりすることも、あるいは衰えたり元気になったりすることもなくて、常に安定している。変わらない。そこでは、Aという人もBという人もCという人も、あるいはAという民族もBという民族もCという民族も、時代を超えて、あるいはまた、場所を超えて、変わらないで一つでおれるような世界が、神様の世界なのです。

そういう世界があるということを、この聖なる場所が、青々と木々の繁った姿で象徴して見せてくれているように思います。

皆さんも、なるほど、死んだり生きたりするカルマの世界、因果の世界の中にいるのだけれども、超作をすれば、因果を超えた世界、神様の世界につながることができるのです。

信仰と超作

――超作というのを、皆さんはえらく難しく考えるようだけれども、超作というのは、今在る自分が与えられた仕事、あるいは、今在る自分が一番生き甲斐と感じること、そういうことを一生懸命にすればいいのです。

ただ、一生懸命にする時に、いつまでも「自分がしている」という意識があってはだめで、また、或る結果を求めてしている自分があってはだめなのです。ただ一生懸命にするだけでいいのです、しているそのことが生き甲斐になるようなことを。それが一生懸命にできれば、いつの間にやら、「する自分」がなくなって、「する」だけになってしまう。

すると、その「行為をしている自分」は神様の力があって**してい**るわけだから、「自分」がなくて、「する」だけになったら、自然に大きな神様の力がその中に入ってくるのです。

それが超作なのです。

そうすれば、神様とつながるから、必ず、初めにしたいと思っていること、こうなりたいと思っていること、それを生き甲斐と思っていることが、自然に神様のお力で実現できるし、同時に、それをすることによって、他の人も助けられるし自分も助かる。

それが信仰なのです。

難しいことはなにもないのです。ただ一生懸命にすればいいのです。「する自分」があってはだめだ、というだけのことなのです。

そういうふうになれば、ヴァイオリンを弾いていても、フルートを吹いていても、自分もないし、ヴァイオリンもないし、フルートもない。フルートも自分も一つになったようになって吹いていれば、そこは神様の世界なのです。すると、聴く人は皆喜ぶわけです。そこに神様の力が入ってくるわけだから、フルートそのものが皆に大きな力を与えることができるわけです。

――分かりますよね。それが超作なのです。

難しいことは何もないと思うのだけれども、皆、難しい、難しいと言う。剣道だって同じことで、なんでも極意というのは、達してみればごく簡単なことなのです。そこへ行くまでは、なかなか「自分」を捨てられないから、難しい、難しいと思うけれども、「自分」を捨ててしまえばなんでもないことなのです。しかし、そこまで来た人でないと、「こうだよ」と言っても分からないのですね。難しいような、難しくないような……。

要するに神様を信じて、自分が生きがいだと思えることを一生懸命にやって、いつの間にやら「自分」がなくなった状態でそれをやっていると、自然に智恵が湧いてくる。自然にそれが喜びになる。自然にそれが人を生かすことになる。それが超作なのです。そしてそこが神様の世界なのです。なんでも一芸に打ち込んだ人はそれがよく分かると思うのですけれどもね。

聖地

聖地というのは、この地球の上に幾つかあります。例えば西マウイの東海岸に沿って、舗装してない一本道で、片側は海から百メートルぐらいの高い崖で、向こうから他の車が来たら、互いに交叉できる所までそろそろと後退しないといけないような所があります。そこをそろそろと行って、私たちがライオンロックと名付けた大きな岩山を少し過ぎた所に、小さなカトリックの教会があるけれども、そこへ行くと、ああ、ここは宇宙とつながっている、神様とつながっている場所だなと思うのです。

イギリスのロンドンからずっと南の方にも確かにそういう場所がある。インドにもそういう場所がある。仏陀が悟りを開かれたところもそういうところだと思います。各国にそういうところがあって、このご本宮も、日本の中ではそういう場所だと思うのです。

そういう場所に、年に一度でもいいから、あるいは何回でも来られるなら何回でもいいから、ここに来て、神様を念じてただじーっとしていれば、何も願い事をすることもない、ただじーっと坐っているだけでいいのです。

そうすれば、自然に神様の世界に入れる力が得られる。病気が治る。くたびれていたらただ休めばいいのです。そして、今、自分がどうしてもこれをしたいと思うことがあったら、ここに来てじーっとしていたら、自然に、ああ、それを実現するためには、こうやったらいいのだというふうに智恵が出てくるのが、こういう聖なる場所だと思うのです。

なんでもいいから、ここに来て休んでいればいい。一年のうち、一回でも二回でも、十回でも、来られる時に来ればいい。宮掌のK・A君に頼めば門を開けてくれるから、境内に入って、ご拝殿の前でじっと坐っていればいいのです。

そういうのが聖地なのです。

台風が過ぎて、本当にうららかな日で、皆さんと一緒にお祭りにお参りできたことが、私にとっても皆さんにとっても幸せでした。

二〇〇四年、世界の動乱

二〇〇四年は、世界中がいろんなふうに今混乱の最中ですね。私もひょっとしたらこの二〇〇四年に死ぬのかなと思ったりしたのですが、心臓冠動脈の二本にバイパスを入れて、もう一本は大方詰まっているらしいが、三本のうち二本は動いているわけだから、あとどれだけ生きられるか分からないが、生きている限りは、皆さんのために、世界のために、あるいはまた、今の世界だけでなくて、百年、二百年あるいは五百年、千年というふうに、人間が生きている間役に立つようなものを書いて残したいと思っています。

ともかく、二〇〇四年は、人間にとって、これから霊的に成長するための一つの段階の年だと思います。

今は、まるで物の中に沈んでしまったような政治や経済や文化や科学の時代ですけれども、これからは、科学そのものがだんだんに宗教の世界を目指すようになる、魂の世界が存在し、それはどういう世界かということを、科学が証明するような動きがだんだん出てくるだろう、今年はその始まりじゃないかなと思うのです。

そういう意味で、二〇〇四年というのは非常に大事な年であったし、このご大祭を無事にこういういいお天気のもとで皆さんとお仕えできたことを、大神様に感謝申し上げ、人間の霊的成長と平和な地球社会の実現をお祈りする私たちの力が、ずーっと世界中に広がっていけばいいと思います。

では、今日はこれで終わりにします。

元気で帰って下さい。

（二〇〇四・一〇・二三　本宮大祭）

⑶ 父母の有り難さ

（本山一）おはようございます。

非常にいい天気で、皆さんも非常に嬉しく参拝されているかと思います。私も非常に嬉しく、またこのお祭りに参列するにあたって、非常な緊張と共に、ある種、神様にお会いできることを楽しみに感じております。

私の姪っこの幸ちゃんが、私の妹の泰子に「おかあさん、おかあさん」と後をくっついて回る姿を見まして、泰子は僕にとっては妹で年下なわけですけれども、幸ちゃんにとってはかけがえのない「おかあさん」なのだなと思いますと、そうか、単に妹と思っておった泰子も、そういう意味で尊い人なんだと、子どもを通じて思わされるわけです。

誰にとっても、お父さん、お母さんが本当に神様の始まりであろうかと思います。私にとってはまさに父親である宮司様はお父さんであり、僕にとってはまさに本当に神様のようなお父さんであるわけです。

そうなのですけれども、しかし、だんだん私なりに年とともに成長し、勉強したり、あるいは宗教に目覚めて、宗教とは何かと思っておりますと、或る時、「お父さん」ではなくて、宗教者としての、また、求道者としての「本山博」という人に出会う時がありました。子どもの時には「お父さんは宮司様で偉い、世界でも功績を認められている学者でもあって偉い、うちのお父さんは偉いんだ」と、それがとても嬉しかった。お父さんが偉いというのは非常に嬉しかった。

しかし、或る時、本当に宗教家としての本山博、あるいは名前が必要でなければ「かの人」に出会った時、「ああ、この人は本当に偉大なのだ、自分の生きる指針なのだ」と思う時が、やはり何度かありました。それは、宮司様の書かれた本を読んでいる時であったり、あるいは一緒にご神前で瞑想したりしている時であったわけですけれども、その時は「お父さん」として見ているのではなくて、あるいは子どもとして見ているのではなくて、「本山博」という「ある人」であって、それは名前が必要なければ「かの人」でありまして、その時、子どもである自分を捨てている、また、自分の中にある父親としての本山博を捨てている、そういう瞬間に新たに「かの人」と出会って、その中にある偉大さを本当に直接に見るような時が何度かあったわけです。

無私の自分になる――神様にお会いできる

皆さんも、本当に玉光大神様とここでお会いしたいと思われるのであれば、玉光神社の信徒であることを捨てる、皆さんの心の中につくってしまっている玉光大神を捨てる、教団としての玉光神社も捨てる、ただひとり裸で神の前に立つ、その時に皆さんはもう一度改めて神と出会い直して、そこになにか皆さんは言葉にならぬ価値を見出していかれるのだと思います。

玉光神社の信徒であるということを捨てるということは、そこで習った教えも或る意味捨てるということです。私が常に「教えに生きよ」ということ、「御神訓に生きよ」と言うことと矛盾するようだけれども、本当に教えと出会うには、今まで自分がその教えに対してもっていたものを捨てる、そして初めて教えとまた新たに出会って、教えから何かを受けていく。しかし、教えの元である神と出会うのであるならば、なおさら、予めもっているものを捨てる、神社を捨てる、信徒であることを捨てる、そして皆さんの中にある神を捨てる、そして、ただひとり素裸で神の前に立ち、神の前に坐ったときに、また皆さんは新たに神と出会うと私は思います。そのような気持ちでお祭りに参列して下さい。

一方では、お祭りでは玉光神社の形式に従って、玉光神社の教えとお祝詞を唱えるわけですけれども、皆さんは、何もかも捨てて、神様の前にただ素裸でおる、そういう瞬間をお祭りの中でどこかでもてるようにして戴きたいと思います。また、そのような神様との出会いが、やはりこの聖地でのお出会いにふさわしいのではないかと思います。

私もそのように努力いたします。

それでは、よろしくお願いいたします。

（二〇〇四・一〇・二三　本宮大祭前）

（参考）二十二号台風について

二十二号の台風が来ると大変ですね。今、紀伊半島の南の方ですか？　神様によくお願いをして、北の冷たい高気圧が台風を、——凄い台風ですね、真ん中へ向かってもの凄い風が吹いていて、雨も降っているけど、それを南に寄せて太平洋の方に、陸に上がらないようにようお願いをして、向こうへ押してみたんですけど、ちっとは外れるかもしれない。

昨夜も、今朝も、そういうふうに、台風を向こうの方へ押しやるように、力を送ってみたけれども、台風は凄い力をもっていますね。でも、少々太平洋の方にずれたかもしれないし。少しはずれると思う。もしずれなくても、しようがないですね。去年の末には、南カリフォルニアの大火事を消すために力を送った。こういう力はアナハタから出るのですよ。今はまだ心臓が痛くなりますね。

（二〇〇四・一〇・九　朝の講話）

(三) 魂の存続と信仰

昨日の会（IARP会長特別講習会、テーマ「この世とあの世における因果（カルマ）とその解き方の違い――種々の存在次元での因果関係――」）に、ここにいる大部分の人は出席したのですね。どうでしたか？　よく分かりましたか？

来年にでももう一回、仏教で言う「即非の論理」というか、龍樹菩薩が言われた般若心経の思想、そういうものについて、もう少し詳しく、そこに何が足りないのか、キリスト教等の教え等と和合していくためにはどうしたらいいかについて、話したいと思っています。

キリスト教の場合だと、自然と人間は対立している。また、人間は神様とも違う。そういう、非常に枠をもっている。そして、死んだら天国に行くとか、地獄に落ちるとか、そういう意味で人間存在の持続性を認めている。

仏教では、この世的なものであっても霊的なものであっても、すべてお互いに依存しあわないと存在できない。だから、自分だけで存在しているものは何もないと言うわけです。そういう面を強調すると、自分だけで生きていくものは人間その他一切のものにない、自性がないというふうに言うわけです。

魂の存続

けれども、ご神占[11]とかいろいろなことから、死んでもずっと、霊の世界で個人の霊は生きているし、この世の中が滅んでも霊の世界はあることが分かる。そういう霊界もいつかは滅びるわけですが、滅びるまでというと、それははるかに向こうなのだけれども、滅びるまでの間はずっと或る個人の魂は個人の魂として存在するわけです。

ですから、絶対の無というか、霊界も自然界も全てのものがなくなった時点ではもちろん無に還るわけだけれども、それまでは個別性をもった自性があって、それぞれ皆いろいろなことをして、そのカルマによって、喜んだり、苦しんだり、栄えたり、衰えたりするわけだから、無自性だということだけを強調しすぎると、実際と合わないわけです。やはりキリスト教的な、人間というか、あるいは天国に行ってもずっと続いて存続する人間というようなもの、個別的自性というものを考えないと。

そういうことについて、来年でも機会があったらまたいろいろ話したいと思います。

自由について

皆さんは長い間こうやって一生懸命に坐って、自分のカルマから、あるいは小さな自分から自由になって、超作ができるようになろうと努力しているわけですが、その自由とは、今生きている身体をもった人間、非常に個人的な人間が自由勝手にするという自由ではないのですね。

本当の自由というのは、皆をそれぞれ生かしながら、また包めるような、そしていろいろな行為をしながら、行為することから自由であるような自由なのです。そしてそういう自由は人間の中に本来備わっているのですから、そういうものを実現できるようにしたらいいと思うのです。そのために皆坐っているわけですが、どうしても自分の中に落ち込んでしまうのですね。

落ち込む原因は、身体があるということと感情があるということです。それに負け

ると、自由になれないですね。勝手にはなるけれども、自由にはなれない。勝手にな
ればなるほど、自分の枠の中に入ってしまうから、今度は苦しみになってくる。
本当の自由というのは、平安で楽しくないとね。本当の自由というのは、皆と協調
できる——というよりは、皆と共感ができるようになると、本当の自由になれるし、
本当の平安とか楽しみが得られるようになる。
しかし身体とか感情、そういうものは要するに自分の利益のためのもの、例えばあ
あ、おいしかったと思うのは、自分の身体を養うためですからね。本当の自由という
のは、そういう、自分の利益だけを求める上での自由ではないのです。
これをよく理解をしてほしいのです。

霊界で苦しんでいる霊を救うには

昨日、非常に苦しい状態、あるいは落ち込んだ状態でアストラルの下界に落ちたよ
うになっている家族の人たちを救うのには、どうしたらいいかという質問がありまし
たが、そういう場合は、人間の力だけではとても救えないのです。そういう人たち
は、自分の中にある想念とか思いというものになりきってしまっているから、それを

振り返って、その外に出てみるということができないのですね。

　そういう人のためには、――家族にそういう病気をもった人が生まれていろいろなことが起きるというのは、そういう人が先祖にあると、いろいろなことが起きるわけです。だからそういう人の場合には、神様に、周りの人、あるいは神様にお仕えしているような人たちがお祈りをして、――要するにその先祖の霊や、現在この世に生きて苦しんでいる人たちは、一種の自分の中に、自分の考えだけの中に落ち込んで昏睡のような状態になって、他のことが分からないわけだから、その人たちに神様からの力が入って、自分の落ち込んだ状態や周りのことに気がつくようにお願いする。そのためにはお祈りするよりしようがないわけです。

祝詞の力

　その人のことを思って、「その執われから離れられますように、自由な心になれますように」とお祈りをする。そういうお祈りには、般若心経とか祝詞とかが非常に力があると思うから、周りの人が心経や祝詞を唱えてお祈りして、霊なりその人なりが神様のお力を戴いて、その状態から離れて、自覚ができるようにして戴くことが大事ですね。

そういうふうにしないと、自分だけでは、とてもそういう人は自分の落ち込んだ状態から出られない。出たかと思うと、また入り込んでしまう。

霊同士の引き合い

そういう魂同士は、昨日の会で、アストラル下界の存在の因果関係[12]の項で話したように、似たような魂同士が、どんなに遠いところであっても、縁がある、例えばその人と前生でほんの僅かな縁があったとしても、あるいは縁がなかったとしても、スッとすぐに呼び合うのです。そしてお互いに傷つけ合うのです。

物理的な次元の存在は、物理的な条件が整わないと作用し合わないけれども、そういう非常に執われの心が強い魂の場合には、その執われの内容や感情、心の状態が同質、同類であると、どんなに遠くても、あるいは互いに縁がなくても、すぐに必然的に引き合って、お互いに相手を傷つけあうようになるのです。

そういう状態から抜け出すことは、本当には神様にしかできないわけだから、神様にお願いするよりしようがない。病院に行ってもなかなか治らない。

しかし、脳にある程度原因があるとか、あるいは軽い状態ならば、お祈りもし、薬も飲みながらだんだん自分の心が平静になって自覚できるようになったら、自然に死ぬまでには治るから、心配しなくてもいい。

心の病気を治すには

心の病気を治すというのは大変難しいが、病気をもって生まれてきたということは、そういう病気になる原因となったカルマを超えるために生まれてきたわけだから、それはいつまでも続くわけではなくて、この世でいろいろ苦しんでも、本人も周りも皆が信仰をもつことによって、たとえこの生で治らなくても、カルマが解けたら、必ず、死後の世界では普通の安楽な状態になれるのです。

皆さんもそれぞれに自分の悩みや苦しみがあるかと思うが、神様によくお願いして、要するにただまっすぐ心を神様の方に向けていきさえすればいいのです。

そして、正しいと思うこと、これこそが人の役に立つと思うこと、これこそ真実だと思えることを一途にすることが大事ですね。あれをしたり、これをしたり、或る意味で自分が自由にいろいろなことをしてみるというのが今の人に多いようだけれども、真実だと思えることを一途にすること、そして信仰をもつことが一番大事ですね。

（二〇〇四・一一・一五　朝行）

一途な信仰

（本山）K君は、長年、時間さえあるとお宮で黙々とお行やお禊を続けてきましたね。結婚して子どももできて、仲良く暮らしているみたいだけど、――今どこに住んでいるの？

（K）花小金井です。前は小田原です。

（本山）小田原にいた頃も、遠いのに勤めの休みの日は坐りに来て、地主様のところを必ず黙って掃除していましたね、一時間も二時間も。この間は奥さんが子どもさんとお禊をしていたが、子どもさんはお嬢ちゃんだけれども、今七つぐらい？

（K）六つです。

（本山）母親と一緒に境内の枯葉を掃除して、一生懸命に親の信仰と一緒になって生きているみたいだったから、ごほうびにお供物をあげたりしたけれども、一家が揃って、黙って、もう何十年も神様の方に向いてずーっと続いている。こういうのは本当の信仰の一つのタイプですね。

沢山しゃべって、いっぱい質問して、いつの間にかいなくなってしまう、そういう人たちと違う。

神様はちゃんと、人間同士であまりぺちゃぺちゃしゃべらなくても、ずっと神様の方に向いて一生懸命にしている、そういう人を必ず幸せになれるように導いて下さっていると思うのです、仕事の面でも家の面でもね。

うまいことといっているのかい？

（K）　まあ、なんとかやっています。

（本山）　まあまあでいいんですよ。人間というのはなかなか、自分が思うようにはいかないからね。でも、必ず、自分が神様の方へ向いて一生懸命にしたことに対して、長いことそういうものが続けば続くほど、神様は、例えばその人が生まれつきのカルマで神様から百いろいろ戴ける定めだとしたら、それが一千にも一万にも、次第に増やしてくださると思うのです。

人間の値打ちは死んでから分かる

人間というのは、この頃思うのですが、仕事でもそうだけど、本当のその人の値打ちというのは、死んでしばらく経ってみないと分からない。「彼は出世して偉そうなことを言っていたけれども、なんだ、これだけのことだった！」というふうに、死んでしばらく経ってみると、本当の値打ちが分かるものなのです、宗教者についてもね。

一生懸命にやっていたが、それは自分の欲が中心になって動いていたのか、そうではなくて、本当に皆のためにそういうふうに動いていたのか、それは、その人が死んでから、その人のしたことが現実に現れてくることで、だんだんその人の評価が決まると思うのです。「あれは立派そうなことをいっぱい言ったけれども、なんだ、自分の欲が中心になってやっていたのだな」というふうな人も多いようですね。

一途な神様への信仰や、一途な神様への愛、そういうものが基盤にあると、いつかはそれが必ず大きく成長して、死後の世界でも、あるいは次に生まれた世でも、花が咲くように思います。人間は何べんも何べんも生まれかわる。死後もあるし、来世もあるから、近欲であれこれ考えないようにね。

自分に恥じないように生きる

精一杯に純粋に生きるというか、正しく生きるというか、自分の心に恥じないように、嘘をつかないように生きるということが大事ですね。それができない者は、前生のカルマなりあるいは能力なりで一時華やかになっても、本当に徒花（あだばな）みたいなものだから、死んでしまえばそれだけのことですね。

ずーっと続いて神様のお仕事のお手伝いの一部でもいいから何かしているという場合には、必ず、その人に神様の大きな力、愛が戴けて、死んでからでも、来世でも、必ず大きく成長できるように思います。

一途な信仰と心

なんでも本当に一生懸命に、一途な情熱をもってやっていくということが人間にとっては一番大事です。自分の全部をつぎ込んで何かを一生懸命にできるような人でないと、結局はモノにならないし、神様には通じないのです。

では今日は、これだけにしましょう。

（二〇〇四・一一・二二　朝行）

㈣ 神様に戴くお力

少しがんばりすぎちゃったのか、昨日から洟が出っ放しで、熱はないように思うのですが、七月二日と三日はＡＭＩ(13)のワークショップで、外部の研究員とか医師とか歯科医、鍼灸師等の人たち四十余人を対象にＡＭＩの高度の講義をするので、今、データを集めたり、論文を書いたり、昨日も二、三十枚書いて、今朝もずっと朝四時ごろから起きていろいろ書いた。

もう八十歳になったからと言っても、のんびりしていようとは思わないですね。

チャクラと経穴（ツボ）の関係

それで、風邪と重なって疲れたので、今朝、神様から力を戴いて元気を出そうと思って坐ったのですが、今朝非常に感じたのは、神様からエネルギーを戴くと、それは各チャクラというより、チャクラに対応するツボ(14)のところで神様のエネルギーが気のエネルギーに変えられるようですね。エネルギーを戴くと、それはまずチャクラの根の方に行って、そこで気エネルギーに変わるのかなと思っていたのですが、今日はとてもはっきり、吸ったところで変わることが分かりました。

神の力がツボ――チャクラで気のエネルギーに変わる

たとえば中極で吸うと、中極というのは、腎経とか膀胱経とか肝経という経絡とつながっているツボなのですが、直接そこで神様のエネルギーが気のエネルギーに変わって、身体中にずーっと流れていくのが、今日とてもよく分かりました。それで、ああ、神様の力がここで気に変わるのだな、それからそれが各経絡を流れて、各臓器に流れていくのだなと、よく分かりました。

呼吸をアナハタチャクラに対応するツボの膻中ですると、心包経という経絡をとおして、心臓にエネルギーがいくわけです。

それが非常によく分かって、よかった。神様からエネルギーを戴いて、だいぶ元気になったように思います。

シッダアーサナ⑮では、上にあげる足を変えるように

もう一つ、行のときの注意として皆さんによく注意をしてほしいと思うのは、私はもうヨーガを始めて六十年以上になります。子どもの時の行から数えると、もう七十四、五年いろいろな行をしているわけですが、坐法をとるとき、足の長い方を上にあげると、坐りやすいわけですね。アジア人というのはだいたい左足のほうが長いでしょう、日本人は特に。で、ヨーガを始めた頃は左足を上にして坐っていた。

そして三、四年経った頃かな、その頃は逆立ちをしたり、ハタヨガをよくやっていたのです。ハタヨガでは、逆立ちをするでしょう。皆さんはしたことがありますか?

その逆立ちの時に、或る日腰がゴクンと、腰椎の四番目、五番目がズレてしまった。それは、いつも左の足を前にやっていると、腰の靭帯が前に引っ張られ、鼠蹊部のところの靭帯も左前に引っ張られるから、それで腰椎が狂っちゃって、歩けなくなってしまった、熱も出るし。

その頃は、この神社の周りは竹の四つ目垣だったのです。その垣を乗り越えて、下校中の明星学園の子どもたちが境内に入ってくる。春の花見の頃になると、公園からも酔っ払いが入ってくる。それらを、追いかけていって、追っ払うのが私の役だが、

ひと仕事なのです。その頃は、特攻隊から帰ってきたばかりでまだ元気でしたから。ところが、左足ばかり上にあげていたせいで、腰椎の四，五が狂って、歩けなくなっちゃった。だから、子どもたちが入って来ても、追いかけて行けなくなった、足が動かないから、コラーッと怒鳴ると、怒鳴るだけで、蜘蛛の子を散らすように逃げて行ったけれども。

それで、それから右の足を上にあげるようにしたのです。交互に右足を上にあげたり、左足を上にあげたりするように注意しました。

皆さんに、坐法の組み方を二、三カ月おきに変えなきゃいけないと言っているのは、そういう痛い目に遭った経験なのです。私が皆に注意するように言っていることは全て、自分が痛い目に遭って分かったことばかりなのです。誰も教えてくれたわけではない。妙光之神様は滝行はよくなさったけれども、ヨーガの行はされていなかったから、自分で神様から教わって行をしたのですが、神様は『左ばかりを上にしてはだめだ、右もやれ』と注意して下さればいいのに、どうして教えて下さらなかったのですかね（笑）。――自分で悟るよりしようがないのです。

薬と筋肉――ヘルニアの手術

心臓が悪くなってから、リピトールという、コレステロールを下げる薬を飲むわけだけど、この薬は必要量以上飲みすぎると、筋肉が痛んだり溶けたりするのです、筋繊維というのがね。近ごろコレステロールの値が下がって、リピトールの摂取量が今までほど必要なくなったらしくて、筋肉痛がおきて、右足が痛くて坐れなくなったので、左を上にしてみたら、うまく坐れるんですね。

で、しばらく左ばかり上にしていた。それがまた、まずかったみたいなのです。左を上にあげると、左の鼠蹊部の腹筋が伸びたんですね。そうしたら、ヘルニアが起きてしまった。

それと、この前、原稿を書いてくたびれたので、数日温泉に入って、筋肉や靭帯が緩んだところでブルワーカーをして、どのぐらい上がるかと思って、六十キログらいのをギュッと上げてみた。すると、そこのところに腹圧がかかったから、腸が出たんですね。局部が膨らんで、腸がぐるぐるっと出るのが分かったので、これは大変だと思って急いで家に戻って来たのです。

上向きに寝て撫でると、中に入る。痛いことは痛いが、七月二日、三日はどうしてもワークショップをしないと、全国から人が集まるから、止めるわけにいかない。慶應の医学部の北島教授が「自分が四日に診断するまで、なるべく静かにしているように」と言われるが、そうもしていられないのでサポーターをしているが、腹部に力が入ると、するすると出てくる。それをぎゅっと中に押し込んでサポーターをすると大丈夫なのです。

することはしてしまわないといけない

風邪をひいて炎症が起きたのか、くたびれちゃって、身体がくたびれきると、調子の悪いところがよけい悪くなりますね。でも、一生懸命にデータを整理して、今日、明日中にまとめて書かないといけない。するだけのことはしないとね。

ポンコツの身体も、チャクラに神力を戴くと動く

もう、具合が悪くてしようがないような時でも、神様のお力を戴くと、やり遂げられるのです。ＣＩＨＳの創立当時、アメリカで奥歯を抜いてすぐ、痛くて血が出ていても、メキシコまでどうしても行かなければいけない用事があった。あの時も片道

五、六時間ぐらいかかって行ったわけだが、いつも身体（の力）でないところで、神様の力で動いているからできるのですね。身体も大事にしなきゃいけないが。

——皆は真似して無理してはだめですよ。皆の身体は飲んだり食べたりして得たエネルギーで動いているのだから。神様の力が摂れるようになったら、身体が少々ポンコツ車でも、動くことは動く。

だから、今朝は、神様から力を戴いて気のエネルギーに変えなきゃいけないということと、たとえば中脘は胃にエネルギーを送る胃経のエネルギーが集まるところで、そこがマニプラチャクラに対応するツボだから、そこで神様のお力を吸い込むと、そこで神様の力が気のエネルギーに変わって、胃の中とか消化器系にずーっと流れていって、身体が元気になり、エネルギーのバランスがとれる。今朝はそれがすごくよく分かりましたので、その話をしました。

ヘルニアの痛みは、痛いが大丈夫です。痛いのは年中どこか痛いですね。海軍に入る前は耳の手術を三回もして、三回目には五時間ぐらいかけて手術をして、耳の後ろの皮を縫っただけで特攻隊に（海軍予備学生として）入ったから、棒倒しをしたら傷がパリッと大きく裂けて、血が出ちゃって、気絶するほど痛かった。でも、死なないで、まだこうやって生きている。

特攻隊というのは小さな潜水艦に魚雷を積んで敵の戦艦にぶつかっていくわけで、あの潜水艦に乗って出たらもうお終いで、戻れないのです。たとえ敵の艦にぶつからなくても、乗っている潜水艦の航続距離は二百キロぐらいしか走らない。太平洋の中で二百キロぐらい走ってみたからといっても、何万キロもある太平洋の中ではどうしようもない、死ぬよりしようがない。戦争が済んだから、こうやっていっぱい仕事も出来たのです。

気力をもって仕事をするように．智恵と力は神様から戴く

もともと、特攻隊で死んだのがこうやって生きているのだから、するだけのことはしようと思います。皆もそのぐらいの気概をもって、自分の仕事をするようにね。

ただし、仕事をするには、体力だけではだめで、智恵がないといけない。ところが、坐って神様のお力を吸うと、どういうものか、自分の仕事に必要な智恵が授かるのです。だから、皆がもし自分には智恵がないと思ったら、それは神様のお力が十分に戴けるほど、チャクラが目覚めていないのです。

そして、どういう状態であれ、それは自分の前生からの行ないのカルマで起きているので、誰のせいでもないのだから、その果を受け入れて、神様の方を向いて努力していると、カルマというのは超えられるのです。カルマは受け入れないと、逃げたらだめです。逃げたらいつまででもカルマというのは解けないのです。

今日はほんとうに神様からのお力が、あ、ここで変わるんだな、そして、そこから全身に経絡をとおして流れていくのだなということがよく分かって、よかった。

皆さんも、先日教えた、各チャクラをとおして行なう呼吸法をよく行なって下さい。

では、今日はこれでお終いにしましょう。

（二〇〇五・六・二九　朝行）

(五) 神様に感謝の心

ご奉仕

朝、ここ（井の頭玉光神社拝殿）に行に来る人たちと、お宮で一生懸命にご奉仕をしてくれる世話人の人たちとを見ていて思うのは、ほとんどの世話人たちは、今はもう年が寄って（このごろは若い人も少しずつ増えてきたけれども）しまったけれども、神様へのご奉仕が一生懸命なのですね。遠いところから二時間も三時間もかかって来る人もある。朝五時ごろには起きてこられるわけですね。先日の救霊祭[16]の朝は、お供物をいろいろ整えるために朝六時に献饌室に集合されていた。

それに比べて、朝行に来る人たちは、行に熱心は熱心なのですよ。しかし、世話人の人たちに比べると、自分の霊的成長を望むとかというふうに、自己中心的な信仰の人がどうも多いように思います。そういう自己中心的な心では、行をいくらしても、もうひとつ殻が破れないのです。ずいぶん長いこと坐っても、なかなか殻が破れない。なにか進歩が遅いように思います。

進歩が遅い原因は何かと考えると、それは、神様へのご奉仕とか、神様へ自分を全託する心というのが足りないのかなと思います。行をする時には、同時に、神様へのご奉仕という心がないと、伸びないなと思います。

自分を反省して、ご奉仕の心の足りないことが分かったら、では、どうしたら自分は神様にご奉仕できるかということを考えて、自分でできるところでご奉仕をさせて戴いたらいいのです。勤めがあるのに、それを止めてというわけにいかないですからね。

尾骶骨とクンダリニー

今までにも、行をしている人たちの中で、クンダリニー(17)が動きやすい人が何人かいましたし、今もいる。その人たちは子どもの時に高いところから落ちてドスンと尾骶骨を打って、尾骶骨が歪んだり壊れたりした人が多い。すると、尾骶骨の中にクンダリニーが眠っているわけだから、クンダリニーがわりあい動きやすいのですね、自分で行をしなくても。

そういう場合は、クンダリニーが気の次元で、あるいはアストラルの次元で不安定によく動くから、本人は、もう行をしていないとコントロールのしようがない。しかしクンダリニーが真に目覚めて上に抜けて昇華できないと、いろいろ身心に不調がおきる。インドのカキナダのグル[18]もそうだったようですね。

スワディスターナチャクラと匂い、味の異常——亜鉛

ムーラダーラとかスワディスターナのエネルギーが、気の次元やアストラルの次元で不安定に動いた時には、匂いとか味とかが凄く鋭くなるのですね。すると、それが非常に気になったり、発散したりする場合がある。そういう場合は、亜鉛を飲むと、わりあい治りやすい。亜鉛を日に十～三十ミリぐらい飲むとわりあいに治りやすい。

さっき話した、神様への感謝のご奉仕の件は、皆、よく心するようにね。ご奉仕の心がなくていくら行をしても、あるいはお祈りをしても、自己中心的な行やお祈りなら、いくらしても、霊的成長ということに関しては、なかなか伸びないのです。

社会への奉仕と神様への奉仕

（G）　それに関して、神様へのご奉仕とかお宮のような教団への奉仕は、人様への奉仕とか社会への奉仕では代わりにならないのでしょうか。

（本山）　社会への奉仕と、神様へのご奉仕とでは、自分を捨てての奉仕としては同じものだけれども、神様へのご奉仕は、直接神様を信じてご奉仕するわけでしょう。社会への奉仕という時には、自分ができる狭い範囲内でしかできない。社会への奉仕だって、皆が神様によって生かされている、それへの奉仕だから、神様のお働きの道具になるという意味では、神様へのご奉仕ということにはなるけれども、直接神様の方へ向いて、神様にご奉仕するのとはちょっと違うと思います。たとえば、誰かが君を好いてくれて、君にいろいろなことをしてくれるというのと、一般の人間として君が困らないように、何かあった時、社会制度上で、社会の一員としての君を助けてくれる場合とは、違うように思う。全く同じというわけにいかないでしょ。

神様へのご奉仕というのは、自分がたとえば神社の内外の掃除をするとか、組の会（信徒の会）があった時なら、皆の信仰の役に立つように、今まで神社で体験したようなこと、神様の教えなどについて皆に話して、神様のことを皆に伝えるというのがご奉仕ですね。また、お祭りの用意をする、それもご奉仕だ。いろんなご奉仕がある、直接神様に向いてするご奉仕と、一般の人間に向いてする奉仕とは、そこに自ずから違いがあるのです。

また、日本の新興宗教では、神様や仏様を拝むけれども、自分たちの教団に信者が沢山集まって、信者が、或る仏様の教え、神様の教え、道徳的な教えを守って、皆が一つのコミュニティーのようになって、皆が便利に助け合って生きるという宗教団体も多い。そういうのも宗教の活動の一つかもしれないが、直接神様や仏様の方に向いた宗教活動とは違うように思う。区別しないとね。

（G）分かりました。ありがとうございました。

（本山）そういう宗教は、だいたい顕教的な、教義に基づいて生きることを目的にして、その教えを守ることによって自分の心が安心ができるし、グループの中で皆で安定した生活をすることを目的としている。そして一つのコミュニティーのようになって、非常に排他的になって、その中だけでうまくやっていけるような団体になりがちである。そういうのがテロにつながりやすいのです、極端に言えば。そういう宗教はいっぱいあっても、いっこうに世の中は良くならないのです。

皆、よく考えてね。

行というのは、直接神様の方へ向いていくわけだけれども、神様への感謝のご奉仕というのが伴わないといけないと思います。

よく考えて下さい。

（二〇〇六・七・一八　朝行）

㈥ ひたすら神様に心を向ける

暑いか寒いかは自分で感じることじゃ

今日は暑いのかね、寒いのかね？

ずっと前に、亡くなった妙光之神様のお姉さんで、萩の方から来た方が社務所を手伝って下さっていた。当時はやっとご本殿が建ったころで、勉強をする部屋は社務所の八畳の間しかないから、勉強中は台所もどこでも物音をたてないで、静かにしてもらうようにと頼んであった。だから、朝食の片付けも昼の炊事もできないのですね。

ところが僕は勉強が済んだらすぐ「腹減ったあ。ごはん！」と言うから、「今まで外で静かに仕事をしていたのに、今すぐごはんと言われても」といつも困っていた。

それから、暑いのか寒いのか、ときどき、勉強に夢中になると分からなくなる。それで、「今日は暑いのかね、寒いのかね？」と訊くと、「暑いか寒いかといっても、それは自分で決めるこっちゃ」と（笑）。昔から僕はどうもそういうところがあったらしい。

この間仙台での講演会のあとで、K君に秋保温泉に案内してもらって、とても楽しかった。昔大学受験をした時、一番初めに入学通知がきたのは東北大なんですよ。文理大も受けたけど、なかなか通知が来ない。それで、東北大に入らなきゃしようがないなと思って、仙台へ行って、片平町というところに大学があるので、その辺で下宿も探してみた。そのとき、秋保という温泉街が近くにあることを知って、温泉が好きだから、大学に入ったらその秋保温泉に行きたいものだなと思ったりした。しかしお代様が「東北大学ではなくて、東京の大学に入れ」と言われたから……。東北大学に入っていたら、この間K君が連れて行ってくれた秋保温泉にしょっちゅう行ったかもしれない。いいところですね、あそこは。

おもしろいのは、山がコブのようになってつながっているところがあったが、あそこは多分アイヌの人たちの聖地というか、居住もしていたところではないか。弘法大師が行かれたかどうかは分からないが、弘法大師は諸国へ行かれて、七尾七谷というのは〝悪魔が棲む所〟というので、よく清めて回られたらしい。悪魔というか、土地のカルマがあまりよくないという意味かと思うが、秋保も歩かれたのかもしれないと思った。

温泉はとても良かった。あれでひどい蕁麻疹が治っちゃった。温泉に入るとよけいに蕁麻疹が出るかなと心配して行ったんだが、温泉に入ったら治っちゃった。

――何か質問はありませんか？

神我と絶対神との違い

（K）十五条の御神訓の中に、

『今を超作せよ　絶対の神に還れる』

というのと、

『カルマを成就して　我なき神我に還るべし』

というのがありますが、両方とも「超作」が背景にあると思うのですが、片方は「神我」で、片方は「絶対の神」ということで、よく似ているような気がするのですが、違うのでしょうか。違うとしたら、どう違うのでしょうか。

（本山）　それは違うんだよ。それは君が自分で掴めよ。
（K）　「絶対の神」の方が、創造神というか、広がりが非常に大きくてとても見えないような気がするのですが。
（本山）　御神訓にはいろいろに書いてあるが、みな、それぞれに意味が違う。同じものではない。
（K）　ヒントとして……。
（本山）　「我なきわれ」に還るのがまず始まりだね。それから「絶対の神」へ……。だけど、その「絶対の神」へ還るのはなかなか、この世におる間はできないよ。「我なきわれ」に還ることはできるが、「絶対の神」に還るということは、生きている間はできない。
（K）　御神訓の、『今を超作せよ』では、『今』ということを非常に強調してありますが、あれは一種の非常に緊張感がありますが……。
（本山）　超作も、したら、そのうち君にも分かるから、超作をやれよ。しないで、ごじょごじょ言ったって分からないよ。
（K）　やってるつもりなのですが、超作になってないような……。

超作

（本山）超作の話は何べんも今まで言っているのだけれども、皆なかなか分からない。要するに超作というのは、何かをしながら、「している自分」があってはいけない。しながら、全く「自分」がない状態になったら、超作になるわけだ。しかし、することをやめたのではなくて、しているのです。しているのだけれども、「している自分」がなくなったら、だんだんに超作になっちゃうわけです。そうすると、働きながら、他の全体と調和がとれるようになる。そうすると、次第に「絶対」のところに近づいていけるということです。

その「絶対の神」に近づく前に、「我なきわれ」というのに還るわけだね。その「我なきわれ」というのは、個人性というものをもたない自分だから、プルシャの次元と考えてもいいのです。

この間、クンダリニーがだんだん目覚めて上へ行く絵(19)を、六月八日のお祭りの後に皆さんに見せて説明をしたが、見ましたか？　あれを見たら、そんなくだらん質問はしなくてすむと思うんだけど。

K君もお祭りの日に来ていたらいいなと思っていたが、残念でしたね。そのうち、あの絵とその説明を本にしたいと思っている。ただ、クンダリニーが真に目覚めてから一種の空の状態になる、プルシャの状態になるところまでは絵でなんとか描けるが、それから先のことは絵には描けないですね。しかし絵を見て下さい。絵だから、わりあい直感的によく理解できると思う。

自我を消すとは

（F）　お祈りしております時に、自分のいろんな自我を消していくというのは、無意識の中で消すといけない、意識が覚めた状態で自我に光を当てて消していくというふうに言われる方があるのですが……。

（本山）　君が言っている「自我」というのは、要するに見えたり聞こえたりいろんなものが湧いてくるのを指しているのでしょう?

（F）　聞こえたりではなくて、自分自身のマイナスの思い出とかが出てきます。

（本山）　自分がどういう性格で、どういう自我かというのに応じて、自分の中に溜まっているものがだいたい決まっているのです。そういうものが湧いてきたら、それを放ったらかしてじっと見るか、あるいは、湧いてきたものを放ったらかして、ただ神様の方に向いていると、自然に自我が消えていくのです。中から湧いてきたものにこだわったり、それを見て、自分があれだ、これだと思っていると、いつまで経っても自我というのはなくならない。

君には精神集中よりもむしろ曹洞の行法の方がいいと思う。というのは、出たものを放ったらかしておいてじっと出るに任せておいて、自分の心はただ神様の方に真っ直ぐ向けておいたら、自然に自分の自我の中に溜まっていて湧いてきたものが清まってくるから。自我をきれいにしようと思いながら、その自我の中から出てくるものにつかまって、どんなにしても自我から抜けられない、それが今の君の状態だから。

（F）　それから、魔が出てきますよね、大した魔ではないのですが。

魔について

（本山）　それは魔のうちには入らない。君の自我の迷いが出ているだけだ。

（F）　たとえば、自分の中から出て来たものに、自分の心が反応して……。

（本山）　反応しないで、放ったらかしておいたらいいのです。要するに湧いてくるものは、ラムネの栓を抜いた時に出てくる泡のようなものだから、その泡に掴まって、泡を出すまいと思って夢中になったり、泡についていろいろ考えたりしていると、よけいに泡が力をもつようになってしまう。

だから、放ったらかしておくのです。そして、ただ自分の心を神様の方に向けて、出てきても放ったらかしておいたら、勝手に消えるのです。そうすると、自分の自我がいつの間にやらきれいになって、汚いものを取り込んでいる自我がきれいに清まってくるのです。

今の君は、その自我の中から出てくるものに掴まっているというか、それに反応して、これは汚い、これをやっつけよう、これをきれいにしようともがいているが、そんなことを思う必要はないのです。それは無駄な努力なのです。放ったらかしておいたらいい。そして神様の方に向きさえすれば、自然に神様が力を入れて下さって、そういうものがきれいに清まるようにして下さる。

自我の中から出てくるものは、前生でのとらわれから出てくるのもあるし、自分の今の生活の状態から出てくるのもあるし、いろいろだが、それら全部が入り混じっている。もうそういうものを一切気にしないことですね。

（F） 今のこの世の中で現れていることも気にしないでいくのですか、困っていることも。

ひたすら神様に心を向ける

（本山）うん、いろいろ出てきていることも気にしないことですね、同じことなのですよ。心の中に出てくる泡も、現実に何かが起きていることも、これらはすべて消えてなくなるものだから、そんなものに、行をしている時にとらわれないことが大切なのです。そんなものはどうだっていい。神様の方に心を向けていれば、自然に神様の力が入って、そういうものをみなきれいにして下さる。

ここが大事なのですよ。君はいつまで経っても、現実のものであろうと中から湧いてくるものであろうと、ひとつも変わっていない。要するに自分の中にある思いで現実を作り出している。そんなものを気にかけないで、湧いてくるものも現実に現れたものも、すべて消えるもので、同じことなのだから、そういうものを汚いものだからだめだとか気にかけないで、ただひたすら神様の方に心を向けることが大事ですよ。

（F）はい、分かりました。ありがとうございました。

（二〇〇六・六・一一　朝行）

(七) 信仰の真髄

全ては神様から

（本山）　特賞、おめでとう。

このお宮が始まって、ここへご本殿が建ってから（私が二十七歳の時に建てたわけですから）、（二〇〇七年の今日まで）もう五十五、六年経つわけで、その間（一月八日の感謝祭・新年ご祝宴最後の）福引はずーっと行なわれてきたけれども、二年連続して特賞が当たったというのは、U君が初めてですね（拍手）。有り難いことですね。

U君が福引の時に戴いた題は、「神様から戴いた命」というのでしたね。

いつもこの頃話しているように、人間というのは、神様のお力で生まれてきて、自然も神様のお力で生まれたのだから、自然と人間は共存しなければいけない。「神様から戴いた命」ということが自覚できるようになったら、――信仰している者、あるいは宗教に携わっている者も、「本当に、自分には何もなくて、神様がみな下さっているのだ、神様がさせて下さっているのだ」ということが本当に自覚できるといいのですが、なかなか、こういうふうには思えないようですね。

しかし福引でこういう題を戴いて、神様からお示しを戴いたということは、U君の中に、「自分の全ては神様から戴いたものだ」という心が目覚めてきたのだと思うのです。

それは、信仰の極意というか、一番大切なところですよね。そこが分からないと、何十年経っても、本当には信仰のことは分からない。ですから、そういうのがU君の中に目覚めてきた、それが、二年連続して特賞が当たった、一番元の意味だと思うのです。

U君の信仰はU君の母親の代からですから、もうどのぐらいになるのか……、五十年ぐらいですかね。U君は今いくつになったの？

（U）　五十七です。

死後も来世も信仰を続けるように

(本山) U君は、高校生で、大学入試の前頃から、宗教心理学研究所の一階の部屋に泊まっていたわけで、その時から数えても四十年ぐらいかな。長いようで、短いね。

まあ、今言ったような、「神様から戴いた命」というふうに自覚ができるということは、信仰の神髄ですから、そういうことをお示し戴いた例は、今まではあまりなかったように思います。精進してほしいと思います、ずっと続けてね。

今生だけでなくて、死んでからも、来世も、さらにその来世もずーっと、こういう信仰の心を持ち続けてほしい。

「神様なしには何もないのだ」ということが自覚ができたら、それが本当の超作でもあるし、心が自由で、少しも心配することがないから、いつでも安心しておれる。もちろん、この世的な仕事を行なう上では、「できるかな、できないかな?」という配慮はあると思うけれども。

よかったですね、おめでとう(拍手)。

ご神言を心にとめて

いつも思うのは、この一月八日の福引では、神様の、信者一人一人の今の状態について、今どうあるべきか、それから、今しようとしていることに対しては、安心して進んだら必ずできるよ、というお励まし、それから、神様からU君のように、信仰を深めていったご褒美、何種類かあるように思うのですが、今ここにいる百二十人ぐらいの人たちに、それぞれ、非常に適切なご神言を下さったように思うのです、福引の題としてね。

非常に有り難いと言えば有り難いし、不思議と言えば不思議ですが、神様の目からご覧になったら、ごく当たり前のことをして下さっているとも思えます。

今日戴いた福引の「題」、それから、その「心」というのを、皆さんがよく心にとめて、今年一年をがんばってほしい、あるいはまた、さらに成長してほしい。

それからまた、したいと思って努力していることを成就してほしいと思います。今やっていてどんどん進んでいることはさらにがんばってやってもらいたい。

それから、お褒めを戴いた人は、それを一つの心の糧にして、さらに信仰を深めてほしいと思います。

ＣＩＨＳ――アメリカ連邦政府の認可への動き

ついこの間、私の八十歳の誕生日を、いろいろな国の人びとや皆さんもいっぱい集まって祝って下さったと思っていたら、先月にはもう八十一になったから、一年経つのは早いですね。

去年一年は、大学院大学（ＣＩＨＳ）をずーっと続けていけるような体制を作らなければと思って、簡単に言えば、今まではカリフォルニア州の認可を受けた大学だったが、アメリカの連邦政府の認可の大学に格を上げる、そういう準備がだいたい出来てきました。その手続きの申請書がだいたい出来上がったから、今年の二月いっぱいまでには多分出せると思います。あと一年か二年ぐらいすると、格としては、ハーバードと同じように連邦政府の認可の大学になるわけですから、学生数も数倍増えると思うのですけれども、そのための新しいコースをつくるために、去年いろいろな講座をさらに十ぐらい増やして、州政府の認可を貰うようにしましたら、全て認可が下りました。

それからまた、このお宮の財産と大学院の財産をきちんと契約の上でも分けるようにしました。そのための、弁護士とか会計士とのいろいろな手続きに、ここ二、三年かかっていたのですが、やっと去年それも済みましたし、いろいろな意味で、これからやっていかなければいけないことが全部一応段取りができて、済んだわけです。

ＣＩＨＳに新しい講座を十ほど去年作りましたから、それを育てて、学位論文が通って卒業した学生たちが、将来ＣＩＨＳの教授や助教授になれるように、今年、来年にかけてがんばりたいと思っています。

だんだん、国際的にいい大学から学生が集まるようになりましたから、これで、大学院の方も続けられると思うのです。お金のやり繰り、学部長や教授の人選、いろいろなことがありましたが、去年一年でだいたい片付いてきたように思います。

八十一歳からの仕事

そこで今年は、新しい実験を今進めてはいますが、学校のこととか、いろいろなことがだいたい片付いたので、これからは、まだ八十一ですから、皆さんのために、――玉光神社の信者のためだけでなくて、国際的にも一般の若い人たちに、「人間はただの身体だけ、あるいは心だけで出来ているのではなくて、その元に魂があって人間は生きているのだ」ということを実感して貰えるような仕事をしようと考えています。

五十二年前に七星会(20)を始めた時のような熱意をもって、具体的に、どういう行をしたら、あるいは、どういう体操をしたらどんなふうに身体が変わるか、あるいは、どういう瞑想をしたらどんなふうに心や身体に変化が起きて霊的に成長していくかということと、その途中で、自分の心がけとやり方次第で、それを妨げるいろいろな障害が出てくる、そういうものを、どうしたら除いて、より真っ直ぐ歩いていけるかということを、具体的に教えたいと思うのです。

今まで、本部講師や地方の講師(21)が、私が教えた行法を体得しながら少しずつ皆さんに教えてくれたと思うのですが、その講師も、信者も、学会の会員も一般の人たちもくるめて、日本中の人たちに、アメリカに行けばアメリカの人たちに、それを教える。要するに勉強の方でも、行の方でも、あるいは霊的な成長の面でも、弟子をだんだんに育てていきたい、あるいは正しい方向に導いていきたいと思います、正確に、安全にね。

学問の勉強だけでなく、坐行をしてみたい

というのは、霊的な成長の時にはいろいろな障害があるのです。

この間、或る国立大学の宗教学の教授が二人みえました。一人は唯識論の研究をしている。その人は、自分も、哲学的な研究だけでなくて、実際に坐ってみたいというので、元々真言宗の坊さんですから、坐ってみた。そうすると、学者が教義の説明をしていることにいろいろ矛盾があることや、どうしてそういう矛盾が起きたかということが、だんだんに体験をするほどに分かってきた。では、それをさらに超えていくのにはどうしたらいいかというので悩んでみえたわけです。それについていろいろ説明をしたら、喜んで帰られて、どうしてもまたお伺いしたいということでしたから、五月に帰国した時にいろいろ指導したいと思っています。

このように、信者にも、会員にも、外部の人もくるめて、行というのをもう一度指導する機会を設けたいと思っています。

今年はＩＡＲＰの会長指導クラスは二回ぐらいしかとれないと思うのですが、まだアメリカとこっちと行ったり来たりしないといけない。だから皆で相談してスケジュールを決めますが、自分としては、なるべく多く、一般の人も宗教者も集まれる

ような機会を、これからぜひ、もっとつくっていきたいと思います。

まだ八十一になったばかりだから、これからは皆さんのために役に立つように、いつ死んでもいいつもりで一生懸命に働きたい、ご奉仕をしたいと思います。

だいたい三時間半ぐらい、──行をするのが一時間半あまり、詳しく説明をするのが一時間ぐらい、それから皆で坐ってみて、いろんな現象があったら、それがどういうことかという、分からないことに対する質疑応答のようなのを一時間ぐらい。ですから、三時間半ぐらいはゆっくり時間をかけて（会長指導クラスを）やりたいと思います。

決まったらお知らせしますから、皆さんの中でもぜひ参加したいと思う人は参加して下さい。

それから、今こうやって皆さんを見ていると、どうも皆さんも中年から以上になってきたみたいですが、若い人を育てることが大事だと思うから、いっぺんでも自分が参加してみて、ああ、これは周りの人の役に立つと思ったら、若い人たちにぜひ勧めてほしいと思います。

今年はそういう意味で、もう一度五十年か六十年前のところにまた帰って、ヨガの行を、霊的に成長するためにはどうしたらいいかということを、もっと具体的に、皆さん一人一人の状態を見ながら、あなたはこういう欠点があるし、こういう長所があるから、こういうふうにやったらいい、ということを具体的に教えたいと思います。

これで、新年のご挨拶を終わります。

（二〇〇七・一・八　新年感謝祭祝宴）

(八) 神様と人間

（本山）　何か質問はないですか？

（Y）　神様のお言葉と人間の私たちが話している言葉は、ずいぶん違いがあると思います。たとえば僕は日本語を話しますが、アメリカの方は英語を話します。宮司様は日本語も英語も話されますけれども、その、言葉を話す元の言葉といいますか、言葉をつくる力みたいなものがあるのではないかと思うのですが、神様のお力というのはそんなものじゃなくて、もっと凄いものだと思うのです。その違いについて教えて戴きたいということが一つです。

もう一つは、人間というのは、やはり、本当に小さなものだと思うのですね。

（本山）　病気になって、そう思っただろう？

人間は互いに違うと思って生きている

(Y)　はい、そう思います。

けれども、どんなに小さくても、やはり人間というのは心があるから、小さいトポスというか、一つの場所でもあると思うのです。本当に小さいのだけれども、人間もやはり一つのトポスだと思うのです。でも、神様はもっと大きなトポスですよね。それで、絶対とか空とかというものは、もうトポスでもないかもしれないけれども。

いつも思うのですけれども、僕たちは、いつも互いが違うということを前提として生きていると思うのです、あの人と僕は違うという。もう全部違いますよね。たとえばAさんと僕は違いますよね。だけど、違うことを前提にして、いろいろ話をしたり付き合ったり生きたりしている中で、なんとなく調和ができていると思うのです。

違うのが当たり前の社会に生きていて、「違う」というところで生きているのだけれども、一番難しいのは、「同じ」ということを自覚するのが一番難しいのじゃないかと思うのです、同じだということを。

人間と神様は次元が全然違うから、違うのだけれども、でも、「同じ」というか、同じはずなのでしょうけれども、まず自覚ができないですよね。違いは自覚できるけれども、「同じ」ということはなかなか自覚できない。たとえばキリスト教と仏教は違うということは分かります。キリスト教は「神と人間は違うのだ」という教えだし、仏教は「神（仏）と人間は同じ、一つだ」と説くというふうに。

　ですから、違うところが分かるのだけれども、それが、本当は同じなのだということが分かるというのはすごく難しいのですけれども。人間と神様とは似ている、というようなところはあるのでしょうか？

(1) 神様の言葉と人間の言葉

（本山）最初の質問の、神様と人間の言葉という、それはこの前に出した『存在と相互作用の論理』(22)にも書いてあるんですけどね。君は読みましたか？　難しい論文だけど、君にもある程度理解できていると思うけれども。

言葉と言葉の元

皆によく分かるように話をするのは難しいですね。

言葉というのは記号ですからね。英語にしても日本語にしてもサンスクリットにしても、初めは絵で描いた記号のようなものですね。それがだんだん抽象化されて、「あ・い・う～」とか「A・B・C～」というふうになったわけだが、そういう言葉というのは、何かを表すための暗号みたいなものですよね。

その元になっているものは言葉ではないのです。言葉を使って表される何か、ですね。それは、考えとか、思想とか、心の状態とか、心がもっている自分についての理解、あるいは人や物についての理解ですね。だから、「心の内容」が言葉の元なのです。それを英語で表現するか、日本語か、フィリピン語か、いろいろな表現の仕方があり、それが記号であるわけです。

そういう人間の思想というか、考えというか、これが元になって、人間はいろいろなものを作り出すのに手や足を使う、それから道具を使う、そして、言葉を使って、文字を使って、自分の心の内容を表現する。あるいは哲学とか文学とかで表現する。それからまた、物についてのいろいろな実験は、数字とか数式という記号を使って表現する。数式も自分が掴まえたものを表現するための記号ですよね。

考え、思想

人間の考え、思想というのは、自分が物について理解をしている、あるいは自分について自分を理解をしている、「或る思想」なのです。そしてその思想は、物をつくり出す力がある。それによって家を作ったりテレビを作ったり、いろいろ出来るわけです。ただし、人間のそういう言葉の元になっている思想は、道具や手や足を使わないと実現できない。

神様、聖者の智慧は創造力である

ところが、神様の力、あるいは神様に近い、悟った人たちの思想というのは、物を直接創り出す力がある。そこが違うのです。

人間の思想とか考えには、そういう力は直接はない。しかし、人間が一生懸命に或・・・るものに集中をすると、ある程度は、細かい量子とか原子とか電子とかの、物の最も微細な構造や微細なエネルギーに対しては働きかけることができそうだというのが、今の新しい物理学なのです。でも、まだ証明ははっきりできていない。

それを証明するために、私も五十年ほどかけて研究・実験を続けてきて、どうにか証明ができたように思うのですが、一般の物理学者はなかなか分かろうとしない。

神様の思想というか、考えというのは、地球を創ったり、宇宙を創ったりする力そのものなのです。

直観と思弁

人間の場合には、或る思想を理解するときに、直観による理解と、思索による理解の二つの理解の仕方がある。

一つの理解の仕方は、いろいろ考えるときに、時間の中で次々と考える力が働く。そういうふうないわゆる思弁というものと、もう一つは、パッともの(もの)を掴む力と、その両方を人間はもっているのです。脳を使うときには、パッと初めに直観で掴んだものを、言葉その他で思想という形で表現するために、時間の中で考えていくわけです。

天才的な人というのは、思弁ではなく、パッと、ものの本質を掴むのです。そういう能力も人間にはある。

だから、言葉になる以前の心の内容には、思弁という、考えを時間の中で表現していく力と、パッとものを直接に掴む力と両方あって、直接パッと掴む力というのは、少々ではあっても、人間の心で物を直接に動かす力をもっているのです。ところが思弁の場合には、脳とのつながりで動くから、そういう力はないのです。

神様の創造力と、人間の創造力との違い

神様の力は、どっちかというと、直観の方なのです。だから、神様はなにも考えることはない。しかし物を創るとき、創る物の中で神様の考え、あるいは創造力を発揮していくときには、やはり時間がかかるのです、物は抵抗するからね。だけども、初めに何ものもなかったものを創り出される。

これに対して人間がいろいろな物を作るときには、すでにある現象とか物の世界があって、その中でいろいろな物を考え出したり作り出したりしていくのですが、すでに神様が創った物の世界の中で、ある変化を作り出すだけなのです。

神様が物を創り出すというときは、何もなかったところから、物の元になるもの（原物質）を創るのです。物の元になるもの（原物質）の中に神様の創造力が入り、

それに従って、物の中に次々と秩序を与えていく、それが進化ですね。何もなかった宇宙の中に物が出来て、たとえば水素とか酸素がひっついたり、いろいろな原子がひっついてガスが出来る、地球のようなものが出来る、というのには百億年ぐらいかかったとされているけれども、神様の元の力というのは、そういう、何もなかったところから物を創り出す力なのです。その力は思想ではなく、創造力の中にある智慧ですね。

そういう神様の智慧を人間の思想と区別して、龍樹は、パーラーミッタ・ジュナーナ（般若の智慧）と言った。

彼岸の智慧と人間の知恵

彼岸に達した般若の智慧というのと人間の知恵とは全く違うものなのです。何もないところから物を創り出す智慧と、すでに出来た物の中でしか働けない、物の中にごく僅かな変化を与えるだけの知恵とね。だから、人間の知恵は創造力とは言えないのですよ。

で、僅かな変化を与える力が人間にはある。つまり人間の、言葉になる以前の直観力とか創造力という場合は、神様が創られた世界の中のごく限られた範囲内だけで物を作る。また、霊の世界では、自然を人間の心である程度変化させたり、ないものを作ったりできる。新しいものを作る。けれども、それは霊の世界という世界の中でだけできるのです。

神様の言葉

この世で神様が物を創られるときには、そこに智慧と愛と創造力が働くのだけれども、その愛と智慧と力が神様の言葉の元、神様の言葉なのです。聖書に「初めに言葉ありき」と書かれていますが、ああいう言葉が、つまり人間の考える力とは全く違った創造力なのです。

人間の仮想世界の言葉、智恵

それで、言葉というものの元になっている智慧が、人間の場合には、バーチャルな世界の智恵というか（今はコンピューターでいろいろシミュレーションして出すけれども）、それが本当に現実になるかどうか、現実のものとぶつけ合って、智恵で考えたとおりのものが、その考えた筋道に従って、この現実の世界でできるかどうかというのは、また違うことなのです。たとえば数学で、数式で非常に矛盾がない論理ができたとしても、そういう論理が現実の世界にあてはまるかどうかというのはまた別のことなのです。だから人間は、そういう意味では、人間の考えているのはただのイマジネーションというか、想像で、現実に物を動かす力にならない。

ところが神様の場合は、要するに人間で言えばイマジネーションだけれども、神様の世界のイマジネーションというのは、即創造力、つまり物を創り出す力なのです。それには言語はないのです。出来ているこの地球そのもの、宇宙そのもの、あるいは宇宙が出来る前のものがあるのです、まだ物の世界に現れない、ね。

暗黒物質

この頃、物理学の人たちが、ダークマター（暗黒物質）とか暗黒エネルギーというものがないと、今の、こういう形をもって宇宙を創り出しているエネルギーや物質はないのじゃないか。その暗黒物質のせいぜい四%ぐらいで今の宇宙が出来上がっていて、その奥に、何かそういう見えないものがあるのでないと、どうも具合が悪いという仮説が、だんだん認められるようになったけれども、そういうものも神様は創り出す。

だから、人間の思想、智恵、それが言葉の元になっているわけだけれども、そういうものと、神様の智慧、般若の叡智というか、彼岸の智慧というものとは全く質が違うのです。でも、言葉には違いないのです。つながりがあるわけですね。そういう人間の言葉で、神様の言葉を、少なくとも聖書にしたって般若心経にしたって、人間の言葉で表現するわけです。しかし言葉で表現されたその本質は、人間にはなかなか掴まえられない。それで、神様の言葉の本質を直観できる魂に成長するための修行が必要なわけです。

(2) 神様と人間の同質性

神様は究極的存在：絶対は存在性をもたない

もう一つの質問の、神様と人間との同質性ということですが、神様というと、人間を創り出した、あるいは宇宙を創り出した働きをもった創造主だから、やはり存在なのです。

ところが、絶対というのは、そういう存在を超えたものなのです。そこが、キリスト教や西洋の人たちにはなかなか分からない。それで困っているのです。

その絶対は、われわれの目からみたら、在るとも無いとも言えない。在ると言えば絶対に在るし、無いといえば絶対に無いのです。われわれの世界の「在る」というのは、必ずなくなるのです。宇宙を創った神様も、存在だから、なくなるのです。

ですから、キリスト教の中でもエックハルトは、「神様というのは蝿みたいなものだ」と言うのです。それで、時のキリスト教の法王から異端者ということで裁判にかけられそうになったわけだけど、悟った人は皆そういうふうに言うのです。

神と人間の同質性

絶対から、神様も、物質の元になるものも、宇宙も人間もみな出来たのです。だから、そういう意味では、神様と人間とは同質なのです。

物の原理――区別する

しかし君はさっき、君とAさんは違うと言ったけど、それは互いに物から出て来たものだから違うのです。物というのは、自分を保持する、他のものと自分を区別をするというのが物の原理なのです。だから違うのは当たり前なのです。物は身体をもっているし、魂も霊の身体をもっているから、みな違うのです、霊の世界に行っても。

プルシャの世界

しかしそういうものを超えた世界に行くと、身体や物の力に頼らないで存在できる。まあ、神様みたいなものですね。プルシャの世界に行くと、身体は必要ないわけです、自分が存在するために。

皆、元は同じ

そういう世界が根底にあって、皆を支えているのです。だから、皆は互いに違うものなんだけれども、元のところで、そういうものを介してお互いに話し合ったり、けんかをしたり仲良くしたり、いがみ合ったり、いろいろできる。それは、元が同じだからです。しかしその「元が同じ」だということは、君のように、命がなくなるような癌になって、そして生き返ってみると、何となく分かるんですね。

——僕も胃癌のとき、癌がまだ身体の中にある間は、この世の中から一歩離れて、この世が自分とは関係がないような、離れた感じがしたし、癌がなくなったとき、また戻ってきたような気がした。そんな気がしたんじゃないか？　しなかった？

（Y）今、少ししています。少しずつ戻ってきたような気がします。

この世は、生きている人の世界

（本山）まだ完全には、自分で、病気が治っているという意識ができないですよね。でも、徐々に戻ってきたでしょう。今、この世の中は生きている人間、生きている者の世界なのです。死んでいく人は皆そういう感じがするのです。

自己否定——包摂

ところが、行をして、自己否定というか、自分で一生懸命に断食をして、死ぬ練習をしているときには、この世から全く離れたようになる。離れてしまうと、今度は、皆を包めるようになるのです。そういう包めるようなところが、人間の中にはあるのです。そういうところでは、他の人とも同じだから、こうやって話ができたり、けんかをしたり、仲良くなったり、いろいろできる。もし全然違うものであったら、見ても分からないし、お互いに誰かということも分からない。違うのだけれども分かるということは、元が同じだからです。

不生不滅——絶対

だけど、同じと言っても、絶対のようなところでは、全く同じで、区別がない。そこでは、生まれるということもない、なくなるということもない、そういうのを、般若心経の中で「不生不滅。不垢不浄。」というふうにいうでしょ、ああいうところでは、生まれることもない、死ぬこともない、栄えることもないし、滅びることもない、そういうふうに区別は全くないのです。

区別がある世界というのは、絶対が、創造して働きを始めたときに、物とか、あるいは神様とか、いろいろな区別ができる世界ができてくるのです。

神様と一つになるには——自己否定

しかし本当に神様と一つになったら、区別はない、同一のところにいける。

そのためにはまず、どんな行者であっても、優れた人は、キリスト教であろうとどの宗教であろうと、「自己否定」ということを言うのです。今ある存在のあり方、自分の人間としての在り方をやめないと、霊の世界に目が覚めない。さらに、霊の世界であることをやめないと、それを超えた世界へ目が覚めない。それからさらにその超えた世界をやめないと、絶対のところには帰れないのです。

だから、「自己否定」というのを言わないような行者とか霊能者とか宗教者というのはインチキなのです。「金が儲かりますように」「こうしたら、どうかなりますようにに」というふうなことしか言わない、「やったら、できるぞ！」というふうなことしか言わない宗教なんていうのは、インチキなのです。

自己否定の起きない進化というのは、ないのです。

自己否定→同一

それで、同一というときには、必ず「自己否定」というのが媒介をされて初めて上に上がれるし、また、他の人ともつながれるようになる。自分がまず今の存在のあり方をやめて、そこから出て来たところに帰って初めて、他の人とのつながりがついてくるのです。

しかし皆には、「そこから出たところ」はまだ分からないでしょう？　そこが自覚できるようになったら、皆を支えたり、皆を創ったりできるようになるのです。

創る

創るというのは大変なんですよ。ですから、創られたということを有り難いと思わないとね。「創られた」ということは、神様が「自分でない自分」になって下さった、と思えばいいのです。それが皆だから、だから元は神様なのです。それで皆元はつながるのです。

分かりましたか？　分かったような、分からないような具合だな。

(Y)　自分自身でそういう自覚ができないと……。

(本山)　うん、自己否定ができなければ。君だって、君を死んでしまえば、できるようになりますよ。今、癌で、「治るかな、治らないかな、生きたい！」という気持ちがあって、その「生きたい」というのは、「自分が生きたい」わけでしょ。

そういうのがある限り、自己否定というのは、いくら癌になったからといっても、できない。癌になって身体が死ぬだけで、魂は死なない。しかし魂も死ないと、今言ったような、同一というのは分からない。

君が子どものことを一生懸命に思って、なんとかこの子が立派になってくれたらいいと思うときは、あまり自分のことは考えてないでしょう。そういうふうに、「自分」がなくて、子どものことだけ思っているときは、親とか子どもというものを超えたところで子どもを見ている。つまり、子どもを包んでいる自分があるわけですね。そういうのが、次元は低いけれども、同一の世界なのです。

そういうのをどんどん、どんどん繰り返して、もうこれで「自分」がなくなったと思っていたら、やはりまだ「自分」がある、というのを繰り返していくうちに、神様の言葉が分かるようになるのです。

バーチャルな理解

皆さんは今の話を聞いて、分かったような気がすると思うが、そういう理解は、

「バーチャルな理解」と言うのです。

でも、バーチャルでもいいのですよ。方向付けが分かるでしょう。どこに行くんだか分からないのでは困るからね。自己否定をして、どこへ行くんだか分からないんじゃ困る。

今言ったように、方向付けできれば、それに従って、ああ、こういうふうになるのだなということが分かるようになります。そして、思ったことができるようになるのです。

思ったことができないようでは、「小さな自分」が走り回っているだけなのです。同一になったらできるのだけれどもね。

絶対の自己否定→創造

神様と人間との間には無限の絶対の隔たりがある。その絶対の隔たりを、「自分」というものを死んでだんだんに上に上がっていかない限りは、神様との同一というのはできない。神様というか、絶対には帰れない。だけど、絶対そのものが自己否定を通して、皆になっているのです。そういう意味では、神様と同じものです。

だから、もっと、人間というのはどんなにすばらしいかという自覚ができたら、君の病気もいっぺんで治るよ。死んでも生きても同じものだということを自覚できれば、――君はまだ死ぬのが怖いでしょ。それで治らないのです。死ぬのが怖いようでは、病気は治らない。

死ぬ病気と死なない病気

死ぬ病気は死ぬのです。寿命のある病気は、どんなに痛くても、癌でも治っちゃう。でも、寿命で病気になっている場合は、どんなに軽い病気でもコロリと死ぬのです。癌に関係ない。だから、安心して、癌だの何だの思わないで、まだ生きる寿命があるのなら、安心して生きていたら勝手に治る。

カルマと病気、医療

まず、そういう不安な心が自分の病気をつくっているのだから、そういうものを超えたものが自分の中にある、という自覚ができたら、自分のカルマでこういう病気ができている場合は、病気はある一定の期間は、カルマが消えるまでは続くのです。だけど、それは終わりがきたら、勝手に治っちゃう。その間は医者に行って安心して治療をしたらいい。

でも、医者が治してくれるのではないのです。医者はただ手伝いをしてくれるだけで、実際に治すのは自分の生命力、自分のカルマ、自分の魂が治すので、医者が治すわけではないのです。手伝いはしてくれるけれどもね。

分かりましたか？　物を創るというのは大変なんですよ。

正しい姿勢をとるために丹田を練る

それから、Y君の向こうに坐っているT君は、全体のバランスがとれるようにしないと、いつでも下が弱いから、曲がった姿勢でないと身体が保てないわけですね。いつでも安定した姿勢で落ち着いておれるようになるのには、丹田が練れないとだめですよ。丹田が練れてないのにクンダリニーが目が覚めたら、変になるだけなんだ。丹田を練ることをよく習うようにね。

では、今日はこれでお終いにしましょう。


（二〇〇七・五・二六　朝行）

㈨　回向と信仰

（K）　宮司様にカルマのことについてお教えいただきまして、カルマというものは或る行為をした人にその行為の結果が返ってくるのがカルマの法則である、良い行為も悪い行為も正確に本人に戻ってくる、他人がこれを軽くしたり代わったりはできないというのがカルマの法則である、というふうに伺ったように思います。

これに関して、今日はいくつか質問させて戴きたく、よろしくお願い申し上げます。

まず一つ目の質問ですが、仏教ではたとえばお経などを唱えて功徳を回向する、ということがありますね。もしお経を唱えることが良いカルマとした場合に、それを唱えた本人にそのカルマが帰着するのではなくて、そのカルマの行為を回向という形で人に渡せるものなのでしょうか。

そうすると、カルマというものは人に与えたり、あるいは逆に、人のカルマを代わりに受けたりすることができるものなのでしょうか？

回向

（本山一）　皆さんに、「回向」ということについてちょっとだけ説明しますと、回向というのは、たとえば法華経の人たちが、「願わくばこの功徳をもって……」と始める、あの回向のことを言っているのです。元々、仏教を初めインドの宗教というのはみな、カルマ論というのは、自分の前生の行ないが今の自分の在り方を決め、今の自分の在り方が来世の自分を決めるというふうに、あくまでも個人ベースなのです。そうすると、自分が修行するしかなくて、人を助けるとか、その論理というのはなかなか難しいわけです。

大乗仏教になって、菩薩行をして人を助けるというときに、回向という考え方が出て来た。つまり自分の功徳を、たとえば自分のもっている貯金を困っている人に回してあげるというような感じですね。そういうのを回向というのです、簡単に言うと。

（本山）　今言ったような回向は、玉光神社ではしょっちゅう行なっていますね。まず、個人の行なった行為の結果が家のカルマとして残り、家のカルマは他家から入ってその家の家族になった者にも代々消えるまで移っていくということは、皆さんもよく経験しているとおりですね。或る家でBという事柄が起きて家のカルマとして残った。他の家から嫁に来た場合、嫁に来る前の生家にはBというカルマはないのだけれども、婚家先にはBというカルマがあって、そのカルマを嫁に来た人が受けた。以前、産後の大出血で死にかけた人の話(23)をしたことがありましたね。この人はお祈りで命が助かったわけですけれども。

土地のカルマ

このように、カルマには個人のカルマだけではなくて、家のカルマも、国のカルマも、民族のカルマもあるわけです。土地のカルマですと、人間の行為によるカルマだけでなく、土地がぶつかって出来ているようなところ、日本で言えば関ヶ原のようなところでは、そこで民族間の争いが起きやすいのです。日本史の上でも、何べんも何べんも、日本の天下分け目の戦いのような戦争が関ヶ原で起きたわけです。

そういうふうに、一つの土地のもっている魂、あるいは土地のもっているカルマが、そこに「日本」という全体をコントロールするような大きな力をもっているときには、日本なら日本の国の一つの体制が決まろうとするとき、そこでまず大きな争いが起きる。そのときには個人のカルマとか家のカルマというのは吹き飛んだようになって、国のカルマが大きく動くわけです。そういうときには、個人のカルマも、家のカルマも、その土地のカルマの中に入って振り回されて、沢山の人が死ぬようになる。そういうカルマが解けるように、そして国が栄えるようにというので、玉光大神様がお下がりになってから、もう七十年ぐらいになるけれども、玉光神社ではそういうお祈りをずっとしてきた[24]わけです。

古墳の尊長の怨念

今は、玉光神社では、「自然と人間が共存できるように」というお祈りを皆でしていますね。

回向ということでは、上述の土地のカルマ、民族のカルマが解けるように、というお願いをすることによって、たとえば丹波の篠山の場合は、出雲側の尊長が大和側との戦いで敗れて死んだ。その方が、大きな古墳の中で、無念の思いのまま二千年余り憤っていらしたのです。二十年ぐらい前のこと、篠山の人たちとその古墳でお祈りをしていたら、朝からずっと天気だったのに、急に頭上に真っ黒な雲が湧き出てきて雹が降ってきた(25)。ところがそのままお祈りを続けて、その人の霊が納得をしたら、また天気になってきた。その間たったの三十分ぐらいでしたが、そういうことが起きたのです。それも回向ですね、個人的な回向の祈りでなくね。

祈りの功徳によって、国のカルマ、民族のカルマ、あるいは皆の先祖のために、あるいは自分の悪いカルマが成就して、自分が今苦しんでいる病気とか仕事のこととか、そういうものが改善されるように願ってお祈りをする。

カルマを解く祈り——功徳、回向

カルマの法則を作られたのは神様、けれども、カルマを解いて下さるのも神様なのです。だから、神様にお願いすることによって、それが一つの功徳になって、お祈りそのものが神様に届いて、神様がそれをいい方に直して下さる、それが回向なのです。

個人的なカルマであろうと、土地のカルマであろうと、日本という国のカルマであろうと、お祈りをすれば、そして、宇宙を創りカルマの法則も作られた神様にその祈りが届いたら、神様はそのカルマを解いて下さる。

そのときには、必ず、皆が神様を信じることがないと駄目ですね。神様がカルマを解いて下さるということを信じて、『玉の光』でも他のお経でもを唱える、あるいは、真理を書いた哲学の本だっていい、それを読んで霊が納得ができたら、とらわれの思いから離れられるのです。経典等を唱えることで、「霊が、そこに含まれる真理を理解した」ということは、「神様の力がそこに入ってくる」ということなのです。それが回向です。

カルマは必ず幾世代も続くということも本当だし、一生懸命に神様を信じてお祈りをすれば、神様のお力によって、カルマが二分の一か三分の一になったり、さらに消える、ということも本当なのです。

永遠に続くカルマは無い

いつまでも続くようなものは、なにもないのです、カルマであろうと何であろうと。皆なくなるのです。だからカルマもなくなるのです。しかし物が存在する限りは、カルマがないと、物は存在できないのです。

一番簡単なたとえで言えば、君は医者だし、化学のことも分かっていると思います。

人間の身体にとって、水は非常に大事ですね。人間の体重の六〇％は水といわれています。

その水は、酸素一個と水素二個の、二種の原子がひっついて化合して、一つの水の分子ができている。酸素原子の原子核の陽子は八つあって、八つの陽子と中性子からなる原子核の周りを八個の電子が回っているわけですが、一番内側の電子の軌道には二個の電子しか回ることができない。残りの六個の電子はその外側の軌道を回っている。

ところで電子というのは、右回りに回転する電子と左回りに回転する電子とが一対になって軌道上を回るのですが、酸素の場合、外側の軌道を回る電子のうち四個は、それぞれ右回り、左回りの電子が一対になって軌道上を回っている。しかしあと二つの電子は、不対電子といって、逆向きに回る相手の電子を持っていないのです。だから、もう二つ、電子がほしい。

これに対して水素原子は、陽子が一つ、電子も従って一つですから、二つの水素の原子と一つの酸素原子がそれぞれ電子を共有しやすい。共有すると、酸素原子（一つ）と水素原子（二つ）が化合して水になるわけです。

ところで、水素というのは、近ごろ水素ガスを爆発させて車を走らせるというふうに、爆発するわけです。酸素だってすごい勢いで燃える。ところが、燃える性質を持った原子同士がひっついたら、燃える火を消す水になってしまう。まったく性質が元の原子とは違ったものになってしまっているわけですね。

しかし、水になったからといっても、酸素の持っている陽子の数、電子の数、水素の持っている陽子の数、電子の数が減ったわけではない。まったく元のままであり、ただ、電子を共有しているだけなのです。

カルマが出来る

そういうふうに、要するに一つの存在があるためには、その構成要素、働き、そういうものが基本的にないと、物は成り立たないのです。水の場合、その構成要素である酸素と水素が結合して水になると、その性質はもとの構成要素それぞれの性質とは全く変わるが、構成要素そのものは変わらないのです。それがカルマの世界です。

カルマの世界で、そういうふうにお互いに共有したり離れたりひっついたりして、いろいろなカルマができるといえばできるのです。だから物の世界というのは、そういうふうに、構造上は変わらないのです、持っているものが。それがあるから、他のものとも作用し合える。そこでカルマができるわけです。

カルマの存続

ですから、カルマというのは、存在することをやめない限り、水素なら水素が消えない限りは続くのです、水素の持っているカルマ、働き、結果も。何と化合しようと、要するに水素は水素の構造と働きをもって、自分の都合のいいように、全体の都合のいいように、いろいろ変わるわけです。しかし、変わっても、水素という陽子と電子の数は変わらない。働きは変わらないのです。それがカルマです。

カルマがなければ、カルマの世界は成り立たないわけです。だけど、それがいつまででも続くかというと、続かなくて、消えるのです。だけども、カルマというものを、水素なら水素という自分をもっている限りは、なくなるまでは繰り返し繰り返し起きるわけです。

物と人間のカルマの相違

ところが、物と人間の魂は違うのです。物は必然的に動いてしまうわけです。カルマの法則、必然的な法則で動いている。ところが魂というのは、自分の意思によって或ることをしたりしなかったりするというのが、物と全然違うところなのです。

そうすると、自分が超作をして、本当に思いやりをもって、もっと他の人の立場、心になって、その人が成り立つようにしてあげる心、魂になったら、もうそのときには個人という、つまり水素でもない、酸素でもない、そういう物を超えた世界にいっているのです。

というのは、水素や酸素の世界では、必然的にしか、物はひっついたり離れたりしないのです。ところが、或る人のことを助けてあげようと思うのは、水素も酸素もそんなことは思わないですね。しかし人間の心、魂は、他の人が成り立つようにしてあげようと思うのは、そこにその人の自由意思がまず働いて、するわけですね。だから、自由意思が他の人を包めるように働いたときには、その自由意思というのは、自分だけではない、他の人も包めるような大きなものに変わるわけです。

その世界に本当に入れたら、物の世界の、「落としたら、必ず物は落ちる」というのではなくて、上に上がることもあるし、横に自由に動くこともできるし、「自由」というのが魂の世界の一つの大きな特徴なのです。

その世界に行けば、個人のカルマ、水素であったときのカルマはなくなってしまうのです。だけど、もう一度ここ（この世）に生まれ変わってくると、その人が前に水素であったのなら水素として出てくるけれども、もうすでにそれを超えた世界でも同時に目が覚めているから、そういうカルマを受けても、それで壊れることはないし、必然的には動かなくなってしまう。「これをしてはいけない」と思うことを、ちゃんと止められるのです。

そして、人のためにもお祈りができて、人のカルマ、酸素なら酸素がもっているカルマを解いてあげることもできるのです。

（K）それは普通の人にもできることなのでしょうか？

人間の魂の自由と進化

（本山）できるよ。そこが、魂の、——というのは、神様から戴いた人間の魂というのは、物とは違うように、自由に、成長できるように、人を包めるように、元々できているのです。

人間の欲

だから、人を包んで、あるいは自然を包んで、自然と共存できるように動いたら、現在の、こういう温暖化だのなんだのというようなことは起きないのです。温暖化だとかなんだとか言っているけれども、それは人間が、豊かな生活をしたい、おいしいものを食べたい、立派な家に住みたいという欲、物に対する欲がつまり今の政治や経済を動かしているわけで、元を言えば、人間の欲が温暖化を作っているのです。誰のせいでもない。

それを政治や経済のせいにするのは間違いで、政治家や経済の人たちは、人間自身のもっている、人類がもっている欲で踊りまわされているだけなのです。だから、主体は「人間の欲」なのです。

そういうものは超えられるよね。

民族のカルマを受ける

（K）　そうしますと、二番目の質問ですが、宮司様やイエス・キリストが、民族とか人類のカルマを受けて、手術をされたり、磔になられたというふうに伺ったのですが、そういう人類とか民族のもっているカルマというのも、高いプルシャの次元の方であれば、その浄化を、代わりにすることができるということになるわけでしょうか？

（本山）　うん、できるから、している。

（K）　三番目の質問ですが、今お答えいただいた中にすでにお答えを半分いただいたのですが、信仰によって、自分のカルマが受けるものが半分とか何割かに軽減されることがある、ということが……。

カルマを超える――カルマを解く

（本山）　軽減されるというよりは、要するに徐々に超えていくということですね。つまり、カルマを受ける状態から、だんだん自由な状態、高い状態に少しずつ開けてくるに応じて神様の力が入って、今までのこの状態だったら何千年も続くカルマが、今の短い一生の間にだんだん解けてきてカルマを受けなくなる、ということなのです。軽減されるというよりは、自分の魂が成長した、それに応じてカルマが解けてきた、ということなのです。軽減されたのではない。カルマはそこで軽減されたのではなくて、成就されてきたわけです。カルマの世界を超えたところの力が入ってきて、そのカルマがだんだんに消えてきたのです。

（K）　お代様の御教歌の中にも、『身をもちて　良きもあしきもなすことは　幾世経るとも　むくひ来にける』とありますね。

（本山）　だからそれは、酸素、水素というふうに、自分がいつまで経っても「K」という個人で、それを守り続けている限りは、幾世経るとも続くわけです。

（K）　そうすると、がんばって少しでも成長できれば、少しずつ成就して、苦しみが少なくなって、カルマを乗り越えられるというふうに考えてよろしいのでしょうか？

（本山）　そのためには、君は耳鼻科の医者として困っている人を助けるように、奥さんは薬剤師として薬を作って皆が助かるように、親族の人で困っている人がいたら助けてあげられるように、お祈りをする。治療しながらでも、まず神様にお願いをしてから、治療をしたらいいと思う。

（K）　有り難うございました。

（本山）　そのうち、また分からないことが出てきたら、また質問したらいいですよ。いっぺんに何でも分かるわけではないのです。今まで何十年も行をして、やっとここまで分かってきたわけですからね。

権宮司はそれに関連して、何かないかな？

高次元の存在・働きと低次元の存在・働きの関係

（本山一）　では、一つだけお願いします。今のお話で、存在には次元というのがあって、上の次元のものは下の次元のものに束縛されないで、上の次元の力で、自由に下の次元の因果律で動くものに働きかけて、それを変えていくことができるというふうに伺ったのですが、他方、宮司様は、高い精神エネルギーも、たとえばそれが物理的な光になったら、あくまで物理法則に従う[26]、というふうにおっしゃっていて、この二つの関係はどうなのでしょうか。

（本山）　両方とも真理なのです。

さっきも言ったように、たとえば水素の次元でこの世で働くときには、この世の中の法則、物の世界の法則に従わない限りは、この世の中では相手も自分も、あるいは電気も何も動かないのです。

今の物理学でも科学でも何でもそうだけれども、ある現象が起きる、そのメカニズムを調べてそのメカニズムに基づいてある装置を作ったら、電気がついたり、あるいは他のエネルギーに変わったりできる。ナノテクであろうと何であろうと、一つの必然的な法則に従っている場合は、その現象は、その法則なしには存在できないのです。そういう存在の中に入ってきて存在をする限りは、上の次元のものであろうと、その法則に従って存在できるのです。

科学は物そのもの、エネルギーそのものはつくれない

ただ、一般の人、あるいは物と人間の魂、あるいは悟った人の魂との非常に違うところは、普通の人間だって、物を支配することができる、非常に豊かな生活をすることができる、物のメカニズムを知ることによってね。

けれども、物のメカニズムを知ったから、それでは、物の力そのもの、水素そのも

の、あるいはエネルギーそのものを作れるかというと、人間は一切それを作れないのです。メカニズムに基づいて現象が起きる手伝いをするだけなのです。人間は何も作ることは一切できない。

低い次元に自己否定を通じて降りたとき、低い次元の法則に従う

ということは、物理的次元の世界の中に高い魂が下りてきて、その中で動いているものを創り出したとき、あるいは高い次元のエネルギーを低い次元の光に変えたとき、高い魂はその（低い次元の）光として働くわけです。そのときは、光の法則に従わないと、光は成り立たないのです。

キリスト教と科学の矛盾

ところがキリスト教の場合は、第一原理という神様の力が働いたら、物の次元の因果法則を超えて、それを退けて、そこに奇跡が起きる、というふうに考える。それではこの世の中は成り立たないのです。だから科学者は、物理的次元の法則を否定するのでは科学が成り立たないから、それで宗教と科学が分離してしまった。

だけど、私が今考えているのは、物理的世界に入ったときには、その世界の物の法則に、秩序に従わない限りは物は動かない。だけど、物の力を生み出しているのは、上の方の神様の力、あるいは悟った人の魂の力なのです。その力がいろいろなものになるわけです。

（本山一）　この点についてはまだまだお尋ねしたいのですが、私が今日Kさんの質問で一番興味をもったのは、つまり、Kさんは非常に苦しいわけですね。私もいろいろ苦しいわけです。だから、カルマの世界でわれわれが苦しんでいる、その苦しみは回向の力が入って救われるらしいけど、それは本当かなと、いろいろ考える。要するに自分が苦しい、そういう苦しい自分はどうしたら救われるのかということですよね。

善悪は相対的なもの．何れも何時までもは続かない

（本山）　まあ、せいぜい苦しんでね。

――今の人類もそうですね。自分の欲で、結構豊かな生活ができているように思ったら、その反面、いろいろ有害なものがどんどん出来て、今度は苦しむことになったわけです。苦しむこと、楽しむことというのは裏腹なのです。一つのものの両面なのです。

だから、表の方だけが良い、裏が悪いといったって、裏表がないと、物の世界は成り立たないのです。自分には悪いことばかり起きているというのは、その人が悪いことが起きるような原因を作ったからなのです。しかし悪いことも、いつかは消えてなくなるもの、あるいは、それがまたきっかけになって良いことが起きるのです。悪いことがずーっと続くということは決してあり得ない。良いこと、悪いことは必ず一緒になって動いている。良い方が主になって出てくるか、悪い方が主になって出てくるかは、その人の行為によって、意思によって決まることなのです。

苦しみの原因

だからさっきも言ったように、良いことがいつも起きるようにするのには、自分も人もくるめて、自然もくるめて、皆が共存できるような、そういう心になったときには、苦しみがもし起きても、――苦しみが起きるのは当たり前なのです。

仏陀も言われたように、この世の中はある意味で苦しみの世界なのです。そしてそれは、「自分」があるから苦しいのです。仏陀も、「自分」があるから苦しまれたのですね。そして行をして、だんだん、結局「自分」というものは何もないのだ、つまり宇宙の絶対の力、神様の力によって生かされているのだということを悟られたときに、ニルヴァーナに入られたわけです。

そういうところへいくともう苦しみはなくなるけれども、たとえば菩薩であっても苦しみはあるわけです、個人の苦しみとは違うけれども。

（本山一）私ども、苦しみから逃れたいのですけれども、しかし一方で、苦しみが去って、もし楽が来れば、ずっと楽なままに留まっておりたいのですね。（笑）

（本山）本当にそう思うかね？　そんなことはあり得ないのです。

（本山一）自分自身をよくみると、やはり苦しみはいやで、楽がよいのです。

（本山）それは当たり前だ（笑）。

苦楽と、苦楽をこえた世界

物の世界というのは、苦と楽とが両方あって、それが一緒になって動いている。だから、そういう、苦と楽がいつも裏腹で動いている世界でない世界が自由な世界で、そこへ行かないと、――しかし、そこの世界の楽というのは、苦しみに対する楽しみとは全く違うものなのです。

（本山一）　そうなのでしょうけれども……。

（本山）　そうなのでしょう、ではなくて、そうなんだ。だけど、一般の人にこれをいくら話しても分からないから、そういうのが違う、というだけを話しているのです。

（S）　さっきの奇跡の話に戻りたいのですが、今までときどき、聖者が奇跡を起こして、科学的な世界ではあり得ないことが起きるという言い伝えもありますよね。さっきの話で、それだと世の中が成り立たないから……。

（本山）　いや、世の中が成り立たないのではなくて、科学の世界が成り立たないのです。それで科学者が反対をしている。

（S）　普通だったら、この世の物は、たとえば水が上から下に流れるとか、そういう法則に従うのだけれども、場合によってそれを逆行することは聖者はできますか？

神は、神の力も物の世界に入ってくると、物の法則に従うようにつくられている

（本山）うん、できるよ。こうやって坐っていて、神様の大きな力がこの身体そのものの中に入ってきたら、身体が宙に浮いたり、あるいは川の水を上に流したりは自由にできるのです。しかし、それでは、今の因果の法則、必然的な法則の世界が壊れてしまうわけですね。

光の実験――奇跡と、光の法則

実験室での「光の実験[27]」で、霊的なエネルギーを光のエネルギーに換えると、今まで光がなかったところに光が出来る。しかし、いったん物のエネルギー（光）に霊的なエネルギーが変わったときには、その光は、物の法則、つまり光の法則に従って動くのです。しかし、霊的なエネルギーが物理的次元のエネルギーに変わるということは、そこで一つの奇跡が起きたわけです。光の無いところに出来たのだから、ある意味で奇跡でしょ。だけど、出来た奇跡の光は、現象としてはもうこの因果の法則に従う。「出来た」ということが奇跡なのです。そして、出来た物は、この世の因果の法

則に従うのです。そうでないと科学は成り立たないわけです。

転換のメカニズム

私が一番調べたいと思っているのは、上の力が下の力に転換するメカニズムが何かということです。

神様の力が下の世界に出てきたときには、なかったものができる。だから嵐を止めたりもできたわけです。

カリフォルニアで山火事が何回か起きたけれども、火事の知らせを慶應病院にいて受けたときに、サンディエゴの東の山の方の、エルカホンという所が燃えているのが、パッとみえたわけです。それで、「今、エルカホンが燃えているのではないか」と国際電話で訊いたら、エルカホンの方で物凄い勢いで燃えていると言う。そのときに神様に、海の湿った空気が大陸の方に吹いて、雨になるようにお願いをした。そのときに、海の空気を大陸の方に押しやる力、それは私が神様にお願いして、風が陸の方へ吹いてくるように海上に高気圧を創ったわけです。それで風が吹いて雨が降って、ニュースでアナウンサーが、「ああ、ミラクルだ！」と言っているのをテレビで見たけれども、その風そのものは、第一原理、神様の力そのものが働いて吹いているのではないのです。神様の力が自己否定を通じて海上の物理的エネルギーとなり、それが高気圧をつくり、風を動かす力に変わって、風が吹いた。そうでないと科学者は受け入れられないわけです。

そこが、キリスト教の奇跡の考え方が間違っているところなのです。第一原理が働いて、第二原理を退けたのじゃないのです。それでは科学は成り立たない。そうではなくて、第一原理が自己否定を通じて第二原理の中で或る力を、つまり現象を起こしたというだけのことなのです。だけど、第一原理から第二原理に転換をするメカニズムは、キリスト教にはさっぱり分かっていない。

キリスト教の奇跡の考えは間違い

そこのところを間違えないようにね。神学の大学者は昔からいっぱいいた。トマス・アクィナスだってその一人だ。だけど、その、奇跡に関する考えは間違っているのです。間違いは間違いでやはり改めないといけない。

そういう間違いをだんだん改めていかないと、今のような、自然と対立したキリスト教的な考え方では、人間は亡びると思うのです。自然が亡ぶときには必ず文明は亡びるのです。今、そういう境い目ですよね。ですから、人間が霊的に目覚めなきゃいけないというふうに、七十年も前に大神様がお下がりになったときから教えてこられている。

今の若い二十代か、二十四、五ぐらいまでの人は、少し様子が違うみたいですね。倹約をする、自動車も使わない、そして皆と仲良くしないと生きていけないのじゃないかというふうに考える人たちも、だんだん出てきたみたいですね。そういう人たちがだんだん増えてこないと困るのですね。

回向

（M）　Kさんの回向のご質問にありましたような、尊いお坊さんに回向していただくと迷っている霊が救われるということは、昔からいろいろな本に書いてありますけれども……。

（本山）　お宮（玉光神社）でも、個人のお祈りとか家のお祈りというのはそういう類の回向だね。

回向のお祈りをすると、神様が愛の力を下さる
――カルマが徐々に解け始める

（M）　偉いお坊さん、偉い神主さん、偉い修行者でなくても、私たちのような一般の人でも、身内の人が亡くなったり、近所の人が苦しみながら亡くなった方があるというようなときに、その方たちのために神様にお願いさせていただくと、神様は働いて下さるのでしょうか。祈りの力がないくせにそのようなお祈りするのは生意気だ、とためらうことは間違いでしょうか。

人のために祈る――人間は神に近づける

（本山）　うん、そういうふうに人間というのは元々神様が創って下さっているから、「自分たちは宮司様のように偉くないけども」と思う必要はなにもないのですよ。誰でも、本当に自分の子どもや周囲の人たちが困っている、あるいは苦しんでいるときに、この人を救ってあげたい、その苦しみを少しでもやわらげてあげたいと思ったら、一生懸命に神様にお祈りすれば、その人の心はもう神様につながっているのです。

人間というのは元々、神様と一つになれるように、神様が人間を創られた。そういうふうに創って下さっているのだから、そういう気持ちになったら、必ず、神様の力がそこに加わってくる。

そういうことを繰り返せる人は、いつの間にやら、小さな自分にとらわれない、そして、小さな自分が苦しんでいる、そういう苦しんでいる自分から離れて、自分をみられるようになるのです。それは神様がして下さるのだけれども、必ず神様が、苦しんでいる人の苦しみをやわらげて、且つ、その人の心も、そういうお祈りをした人の心もくるめて、上に上げて下さるのです。本当に一生懸命にお祈りしたら、必ずそうなるはずなのです。

ならないとすれば、一生懸命が足りないか、神様の方へ向いていないか、どっちかなのです。自分の力だけでしようと思っても、できるわけがないのです、皆の力ではまだ。

菩薩の世界はまだ究極の悟りではない

釈尊が悟られた最後のところは、悟った自分、そしていろいろ人を救えるようになった自分も、あってはだめなのだ、こういう自分も本当は空なのだ、と悟られたときに、本当に悟られたのです。

プルシャの次元になった、菩薩の次元になった、それで偉いのではないのです。皆より少々偉いかもしれない。しかしそれは依然として「在る」世界なのです。「絶対」の世界ではない。「在る」ことを止めたときに初めて本当の解脱が起きるのです。

（M）　そういう意味では、自分たちにも回向ということはできるわけなのですね？

（本山）　それはできる。できるように、できている。

師匠、斎官の役目

（本山）　その場合に、自分の力が弱いのを、自分のお師匠様とか、自分が帰依している方にそれを助けていただけるということは、非常に幸せなご縁をいただいているように思います。私どもで言えば、宮司様やお代様にご縁をいただいて、お祈りしたら助けていただける、自分ひとりのお祈りでも神様にお助けいただけるとしても、それは力が弱いから、手を引っ張って助けていただけるというのは、本当に有り難いご縁をいただいているように思います。

本能的自分はなかなか無くならない

（本山）うん、それはそのとおりなんですね。

というのは、人間の魂というのは、身体をもっているから、身体と結びついた本能、食欲、――もし食べる物がなくて、飢えているときに、――たとえば人が百人ぐらいいるけれども、二人分の食料しかないとしたら、どうなるかな？　皆、相争うのではないか。自分が一番沢山取りたいと思うのではなかろうか。

そうではなくて、他の人にあげたらいいと思える人がもしいたら、その人の願いは神様にすぐつながる。しかし、自分が人よりいっぱい食べたいと思う人は、つながりにくいのです。というのは、本能的に、「自分」をもっているわけです。

そういうふうに、人間というのは、本能的な無意識をもっている。また、長い間積もり積もった怒りとか何とかという感情が無意識のうちに溜まっている。いろいろな無意識があって今の自分ができているのだから、そういう無意識の「自分」がある限りは、汚いものがいっぱい自分の中に詰まっているのです。

自分の殻を破ってお祈りすること

だから、お祈りをしたら確かに神様は力を下さるのだけれども、その汚いものがあるということは、自分という殻の蓋が十分に開かない。つまり「自分」という殻の中にはまりきりでお祈りしたらどうなるかというと、神様から来る力も相手に届く力も弱いのです。この殻も蓋も全部なくなってしまって神様にお願いできるようになったら、相手の身体の弱いところ、カルマの悪いところが解けるように、神様の力がそっくりそのまま、因果の法則の世界の中に大きく入ってくるのです。

ある意味では一生懸命人のためにお願いをする、自分が、ある人について、ああ、可哀相だなと思ってお祈りしてあげる、その祈りは、確かに自分の汚い本能とかなんとかを破る一つのきっかけにはなるけれども、それで全部破れるかというと、やはりしっかりした自分の自我を残しているのです。

そういう自我をもった自分がお祈りした場合には、神様の力が自分の中に入って、相手に入っていく、そういうのが弱いわけです。

自分も相手もくるめたようなところに神様の力が入ってくる、そのときに、自分の自我がまだガチッとある場合、あるいは自分がそれをコントロールできない、自覚ができない、そういう状態でお祈りをしても、神様の力がそこにうわーっと入ってくるかというと、そうはいかないのです。

わーっと入ってきたら、その人は死ぬだけなのです。怖いのですよ、やはり。いっぺん「自分」を死なないと、そういう力がうわーっと入ってこないのです。一升徳利の中に一斗の水は入らない。こぼれるだけなのです。

お祈りをしたら、必ず、相手も助けて下さる、そういう力を、可能性を、人間はもっている。だから或る人が、「自分は死んでもいいからこの人が助かって欲しい！」というふうにもし思えて一生懸命にお祈りした場合には、そういうお祈りと、ただ、「かわいそうに」と思ってお祈りするのとでは、同じお祈りでも、段違いに違うのです。「この人のために死んでもいい、もし神様が断食をしろといわれるならば断食してもいい」というふうに思えたら、自分の小さな殻もなくなるわけです。欲もなくなる。そうしたら確かに神様の力がうわーっと入ってくる。

だけど、中途半端なときには、神様の力も中途半端にしか入ってこないのです。

ですから、回向といっても、本当の回向の状態がどういう順序で起きるかというのが分からないと。

一生懸命になり自分から離れられるほど、相手が助かるのです。祭官というのは、そういうふうにお祈りができなければだめなのです。権宮司が言っているように、苦しい苦しいと言っている自分もある、楽になりたいという自分もある、というのは本当に正直なんですね。ということは、人間には現実にそういう自我があるのです。また、その自我を彼はある程度超えているから、そういうふうに達観できるのです。

偉そうに言う自分があってはだめ

「自分」が分からないと、神様の力は入ってこない。「自分」も破れない。偉そうに言うのはだめなのです。偉そうに言う自分があるから、だめなのです。

分かりましたか？

でも、そういうときは苦しいんだね、ある意味で。一生懸命でないと、そんなに簡単に欲は離れられない。

特攻隊の訓練――炊事当番の時の欲

私は海軍のときに本当に思ったのだけれども、腹が減ってしようがないわけですね。一時限というと朝九時から十二時まで、三時間が一時限で、航海術を習うときは三時間ぶっ続けで、間で五分ぐらい休むと、あとから砲術とか天文とか、物理とか化学とか数学とかを習うわけです。そして昼からはカッターを二時間ぐらい漕ぐ。両手にあまるぐらいの太い樫の棒で、長さ二メートルぐらい、重さは六十キロぐらいあるから、腕力だけでは漕げないのです。しかしできないと、ボーンと樫の棒で叩かれる。それで夢中でカッターを漕ぐと、一重、二重、三重と手に血まめが出来る。その上にまた二段、またその上に三階建てぐらいの血まめが出来る。痛くてしようがないけれども、それでも、しないとだめなのです。そういうのが特攻隊の訓練だね。

そういうときには腹が減っているから、自分が炊事の当番になったら、飯丼の中に自分のご飯はギュッギュッと詰めたいんだよね（笑）。その欲望を乗り越えるのがどんなに辛いか。皆と同じようになかなかできないね。十回のうち四回か五回は自分のをギュッと入れて、人の一・二倍ぐらいは詰め込んでしまうのです。

亡弟のための祈り――神様にお会いする

ところが、（義）弟が亡くなったとの知らせが入ったので、神様にお祈りをしたのです[28]、以前にも話したかもしれないけれども。そのときはトンネルを掘っていたのです。汽車のレールを半分に切って、先を尖らせて、十人ぐらいでそれを上からぶら下げてドーンと岩に当てて、次々と堅い岩を削って、トンネルを四キロぐらい作ったわけだが、その中は薄暗い、水がぽたぽた落ちる、その中で夜は寝るわけです。そうでないと、B29[29]が爆弾を落とすから、爆風で百メートルぐらい吹っ飛んでしまう。そんなときに、弟が亡くなったので、夜中の一時頃から三時頃までだったと思うが、一生懸命に、弟の魂が迷わないで神様のところにお救いいただけるように、お祈りをしたのです。

そうしたら、周り中がうわーっと、こんな電気の光ではなくて、キラキラした、まばゆいほど壕の中が明るくなって、神様の力がうわーっと入ってきたわけです。それはやはり、そういう苦しい、身体がきちきちのように、生きるか死ぬかの寸前のようなところで、人のためにお祈りを一生懸命できた、そのときに神様のお力が加わったのですね。その後一週間ぐらいはご飯を食べなくても、長い棒を一人でもドーンとできるほどに力が湧いてきた。それは十九歳のときですね。

だから皆も、そういう極限の状態になっても、なお且つ、「自分」を捨てられたら、お祈りをすればすぐ相手が助かるよ。なれなくても、一生懸命にお祈りしたら、必ず、相手が百苦しむなら八十ぐらいですんでしまうのです。

神様への信仰

だから、いっぺんにはできないのです。だけど、できないことはないのです。そういうことを繰り返しているうちに、百が百できるようになっちゃう。そのための信仰なのだから。

自分があるから苦しむ

本当に、神様への信仰がないとだめですよ。神様へ向いて、本当にそのまま全部自分をさらけ出せるような、全部捧げられるような、お任せできるような、そういう信仰がない限りは、百が百にはならないのです。

しかしせいぜい十か五ぐらいでも、ないよりはだいぶましですね。そういうのを続けているうちには、五十ぐらいになって、ずいぶん自分自身が楽になれる。苦しむというのは、そういう、欲のある小さな自分があるから苦しむので、苦しんでいる間は、ちっぽけなどんぐりみたいな自分を大事にもっているんですね。

（本山一）　神様とお会いした後は、お茶碗にご飯をつぐのは公平になったのですか？

（本山）　うん、なったよ。自分が食べなくても平気になったのだから、当たり前でしょう。

（本山一）　なぜこんなことを申し上げるかというと、宗教的行というのがあるでしょう、宗教体験というのがあるでしょう。でも、お行をして、あるいは何か体験して、その前後で日常の自分が変わらないような宗教的行というのは……。

（本山）　あ、変わらないような行はにせもの。そういう宗教的行はにせものなのです、日常の自分が変わらないような宗教的な修行というのは。

結構そういう人が多いね。そして偉そうに言うが、そういうのはにせものなのです。

そして威張らないことね。平常心で、本当に皆と同じように考えたり話したりできないと、だめです。お説教するのじゃだめなんですよ。

それじゃ、これでお終いにしましょう。

（二〇〇八・六・八　感謝祭）

註

（1）根府川

宗教法人玉光神社根府川修練道場のこと。

〒二五〇―〇〇二四　神奈川県小田原市根府川六三八―一（電話）〇四六五―二九―〇〇三六　e-mail：yoga@nebukawa-iarp.com

（2）権宮司

現在の玉光神社二代目宮司　本山一博師のこと。

（3）CIHS

ＣＩＨＳ（California Institute for Human Science）は、著者が国内外の著名な研究者、有志の人びとに呼びかけて、「身・心・魂としてのホリスティックな人間観を科学的に、体験的に研究し、明らかにして、未来の平和な、しかも愛と智慧と信頼に支えられた人類社会を築くための基礎的研究をする」ことを目的として、アメリカ・カリフォルニア州エンシニタス市に設立した大学院大学。

なお、ＣＩＨＳはアメリカ合衆国カリフォルニア州で正式認可された大学院大学であり、ＣＩＨＳの定められた課程を取得した場合、カリフォルニア州政府で法的に認可された博士・修士の学位を取得することができる。

ＣＩＨＳの設立目的、講座、諸活動について詳しくはＣＩＨＳのホームページ（www.cihs.edu/）を参照してください。

（4）『吾子に世界を導いていく仕事をさせる』というご神言

本山キヌエ『玉光神社教祖自叙傳』（宗教心理出版　一九七五）三三～三五頁を参照して下さい。

（5）お代様

宗教法人玉光神社教祖　本山キヌエ師（御神名 豊玉照妙光之神）。

（6）生母と別れて

生母とは、玉光神社準教祖　余島清光師（御神名 浄光照清光之神）。一九三六年、著者の実父との離婚に伴い、香川県小豆島より上京して玉光神社にお仕えした。

(7)　玉光神社へ戻るまでは

著者の旧姓は父方の「高崎」であったが、一九四六年高崎家を出て香川県小豆郡土庄町（旧）玉光神社社務所に移住、一九五〇年五月に本山キヌエ師の養子として入籍した。

(8)　サイパン島のお浄め

一九九三年七月、サイパン島玉砕の折、日本軍の指揮官の一人として義父がサイパン島で玉砕した玉光神社会員の願いにより、玉光神社信徒約五〇名と共にサイパン島に赴き、島内各地で慰霊とお浄めのお祈りを行なった。『サイパン島慰霊五十年祭記』（玉光神社　一九九四）を参照して下さい。

(9)　『脳・意識・超意識』という本

『脳・意識・超意識』副題「魂の存在の科学的証明」（本山博　宗教心理出版　二〇〇三）。

(10)　七日のお禊

玉光神社で、各月の祭日（感謝祭―毎月八日、月次祭―毎月二三日、他）前日の、祭員、信者による神社内外の清掃等の、祭事の準備全般を指す。

(11)　ご神占

ある人が現在直面している問題の原因や問題解決の方法等に関して神様のご指導（ご神言）を仰ぐことを言う。神様のご神示を仰ぐこと。

(12)　アストラル下界の存在の因果関係

本山博『存在と相互作用の論理』（宗教心理出版　二〇〇五）の第三論文「種々の存在次元における存在と相互作用の論理」（3）、C.「アストラル下界の因果関係」（一二〇頁）を参照して下さい。

(13)　ＡＭＩ

著者の発明による「本山式経絡―臓器機能測定装置」のこと。

(14)　チャクラに対応するツボ

チャクラと、チャクラに対応する経穴（ツボ）については、著者の『Psiと気の関係―宗教と科学の統一』（宗教心理出版　一九八六）その他を参照して下さい。なお、同書の図I―1「チャクラと対応する経穴」（一二一頁）も参照して下さい。

(15)　シッダアーサナ

ヨーガ行法の八支則（八つの階梯）の、第三段階アーサナ（姿勢）のうちの一つ。身体を長い時間ゆるぎなく安定して保ち、全神経系に安静的効果をもたらし、長時間の瞑想を可能にするための坐法。詳しくは、本山博『密教ヨーガ』（宗教心理出版一九七八、六八頁）、同『チャクラ・異次元への接点』（宗教心理出版一九七八、五九頁）等を参照して下さい。

(16) 救霊祭

玉光神社で毎年七月一六日に奉斎され、国の戦いや戦禍のために亡くなった方たち、自然災害や不慮の災難等で亡くなった方たちの供養・冥福を神に祈願する祭事。救霊祭の詳しい意義については、玉光神社機関紙「光の便り」三五九号所載の、宮司（本山一博）講話「因縁を解いて下さる神様」を参照して下さい。

(17) クンダリニー

人間存在に内在する物の原理。（本山博『思いつくままに②―ある科学者・宗教者・神秘家の記録』（宗教心理出版　二〇一三、二八頁、六五頁）を参照して下さい。

(18) カキナダのグル

本山博『ヨガと超心理―ヨガ・超心理・鍼灸医学―』（宗教心理出版　一九七二）の二「ヨガについて」㈤「クンダリニ、チャクラについて」（八〇―八三頁）を参照してください。

(19) クンダリニーがだんだん目覚めて上へ行く絵

『クンダリニー覚醒と解脱に到る絵』（製作 本山博 玉光神社発行 二〇〇七年二月）のこと。クンダリニーが目覚め、チャクラが次々に霊的次元で目覚め、アストラルの霊界、カラーナの霊界に達し、プルシャの次元に目覚め、宇宙を照観し、創造神と一体になっていった著者自身の神秘体験を一連の絵で表現したもの。下絵 本山博、絵制作 錦戸節子。本山博『スピリチュアリティの真実』（ＰＨＰ研究所 二〇〇八年五月、四七〜五三頁）を参照して下さい（原図はカラー）。

(20) 七星会

著者が一九六五年四月に玉光神社内に結成し指導を行なった坐行の会。お祈り、坐行の後、行法理論、宗教書、経典などについての講義が行なわれた。

(21) 本部講師や地方の講師

ＩＡＲＰ（著者が一九七二年に国内外の各専門分野の学者、各宗派の宗教家、信仰者等に広く呼びかけて結成し、会長を務めた国際宗教・超心理学会、略称ＩＡＲＰ）において、ＩＡＲＰ内で指導されているヨガ行法、ヨガ理論、経絡体操法について習得し講師の資格を得た講師。本部講師（ＩＡＲＰ本部および地方で指導を行なう）と地方在住講師（主として各人在住の地方で指導を行なう）とがある。

(22) **『存在と相互作用の論理』**
本山博、宗教心理出版、二〇〇五年。

(23) **産後の大出血で死にかけた人の話**
著者の以下の著書を参照して下さい。『存在と相互作用の論理』（宗教心理出版　二〇〇五、三〇〇頁）、『スピリチュアリティの真実』（PHP研究所　二〇〇八　三六～三七頁）、本山博著作集第四巻『超意識への飛躍』（宗教心理出版　二〇〇八　九九頁）。

(24) **玉光大神様がお下がりになってから……ずっとしてきた**
本山キヌエ『玉光神社教祖自叙傳』、本山キヌエ・末永元太郎『奇蹟に満ちた教祖若き日の聖業』（宗教心理出版　一九七三）等を参照して下さい。

(25) **雹が降ってきた**
本山博『死後の世界と魂　土地の神々――魂はあるか』（宗教心理出版　二〇一一　一六六頁）を参照して下さい。

(26) **あくまで物理法則に従う**
註（27）に挙げた諸書籍に詳しいので参照して下さい。

(27)「光の実験」

本山博『宗教の進化と科学―世界宗教への道―』（宗教心理出版　一九八三）第一章「宗教と科学の統一　Ⅲ 自然科学と宗教は矛盾しない(1)(2)」（二二頁）、『人間に魂はあるか？――本山博の学問と実践』（梶尾直樹・本山一博編、国書刊行会　二〇一三）第四部「本山学の核心　第八章　魂の存在の電気生理学的証明」（二六九頁）等を参照して下さい。

(28) 神様にお祈りをしたのです

本山博『神秘体験の種々相Ⅱ ―純粋精神・神との出会い』（宗教心理出版　一九九九　一四四頁）を参照して下さい。

(29) B29

第二次大戦期にアメリカのボーイング社が一九四九年に開発・完成した大型長距離爆撃機。アメリカの最も強力、かつ破壊的な爆撃機であり、日本国内の各県庁所在地を中心とした各都市無差別空爆に猛威を振るい、広島・長崎で原子爆弾投下にあたったことでも知られている。

二章

人間

——神様と人間・地球と人間

(一) 魂と身体

アメリカでは坐るのを少し怠けていましたが、帰国して毎日坐ってみると、身体にも精神にも活力が出てきて、具合がいいですね。ここのところ、新しい実験をどのようにしようかといろいろ考えていたのですが、行をしたらすぐにピッと、こうしたらいいという答えが出てきた（笑）。ここ三カ月か四カ月か、日本にいる間に、是非その実験をやり終えたいと思います。

その実験というのは、心と身体とのつながりについて、経絡とチャクラとのつながり(1)という点から確かめようとするものです。

脳に結びついて働く意識

ところで、心と言う場合、脳に結びついて働く意識というのは、感覚器をとおして受容された様々な刺激が脳の中で統合され知覚され、意識化され、記憶される。それらが組み合わされて概念が形成されると、今度はその概念が言語化され、それらを組み合わせて思考が起きる。その思考によって或る事柄についてのはっきりした認識ができるわけです。

しかしその認識は、後で理由を説明しますが、本当に現実の世界の、認識の対象としたものについて正しく把握しているかどうかということについては分からないのです、確かめてみないと。ですから自分の認識したものが現実と合っているかどうかを確かめもしないで、ただもう、自分の認識したものが正しいと思い込んでしまうと、要するに仮想の世界で住むようになってしまうわけです。

心が身体の束縛から離れると

ところが、修行をして、心が身体から或る意味で離れてしまうと、つまり、脳に依存しないで働けるようになると、その心は、身体とか現実の世界と、反って、より密接に結びついて、その状態を知ることができるようになるのです。

普通の人間の意識の状態では、或る対象について、感覚をとおして、或いは思考などをとおして認識ができた時は、現実の対象と自分の認識との間には、実際は部分的なつながりしかない。なぜなら、対象と自分とが一つになっていなくて、対立して離れているからです。

ところが心が身体の束縛から離れてしまうと、自分の身体についても現実の外の世界についても、反って、より知ることができるだけでなく、それらを自分の心で動かすこともできるようになるのです。

譬えて言ってみると、皆さんが或ることにとらわれて、とりつかれたようになっている時には、正しい判断ができなくて、どうしてよいかわからない。けれどもとらわれから離れて冷静になると、何だ、あれはこうだったんだな、というふうに分かるようになるでしょう。

それと似ているけれども、本当に心が身体とかこの世的なものから離れてしまうと、反って身体とかこの世的なものをもっとよく知るばかりではなくて、それを直接に動かすことができるようになってしまうのです。そして、人間の、脳に結びついて働いている心の認識とか思考というのは、現実と合わない、仮想の要素が強いけれども、身体というのは、もっと深い意味で、前生とか魂そのものとのつながりにおいて常に生きているのです。

脳に結びついている心の認識と仮想

それは、どういうことかと言うと、たとえば目でものを見るという時には、そのものについての色とか形とか位置とか動きとか、いろんな要素が視覚をとおして入ってきて、そのものに対しての知覚ができる。つまり、ここにO君がいるけれども、眼鏡をかけて、青いセーターを着て、ズボンは黒くて、顔はちっと丸い、目玉はこう開いているんだかどうかわからないというふうに（笑）、形がまずあって、それから色がある。それから僕からの距離がある。そして、今頭を振って、動いているわけです。

そういうのが全て脳の中へ入ってO君の像としてまとまるまでには、目の網膜の所で、形についての情報、色についての情報、位置の情報などあらゆる情報が先ずそれぞれ振り分けられて、それらが同時にいろいろな神経細胞を経て、それぞれが違った脳の視覚野に、並列的に入っていく。そしてそれらがまた数次の段階を経て、空間に関するものは頭頂連合領で、色、形に関しては側頭連合領でという具合にまとめられ、それらが終いには上側頭溝というところでまとめられる。まとめられて初めて、丸い顔の、眼鏡をかけた、青いセーターと黒ズボンのＯ君が、その位置に坐っているという知覚ができる。

ですから、初めの各情報が視覚をとおして入ってきて、それが頭の中でＯ君としてまとまるまでには、どうしても０・１秒か０・２秒かかかるわけです。

その間に、たとえば空間に関する情報といっても、自分に近い空間、少し離れた空間、もっと遠い空間、右とか左とか、いろいろあるでしょう。それら一つ一つについて、情報を受ける細胞は皆違うのです。目の前に、この辺におることを認知する細胞が興奮をするのと、うんと離れているところを認知する細胞が興奮をするのとは違うわけです。

で、それらの細胞が全ていろいろ興奮して出来上がった情報が一つにまとまるのに、何百億という細胞が関わるわけです。少なくとも十億とか二十億とかいう細胞がそれに関わって、最後のところで上側頭溝でまとまりができるのですが、それら全ての細胞の働きをコントロールしている或る心が、どこかにあるわけですよ。細胞が一つ一つで働くだけでは全体のまとまりができないですから。そして、その心が一つ一つの細胞にひっついてしまって動くだけなら、全体のコントロールはできないから、細胞を動かしながらそこから離れている心、つまり魂があるわけです。で、その魂がいろいろな情報を先ず分解させ次に纏めあげたところで初めて知覚ができるのだと思うのです。

知覚が意識化されるまで

だから、その知覚ができた時に初めて意識化されるのであって、それ以前のところでは、対象に関する色とか形などの情報は、頭の中で、あるいはその頭の細胞を使っている魂の次元では、いろんなふうに処理されているけれども、まだ見ている人の意識には上ってこない。意識に上るのは、一つの知覚対象としてまとまった時に初めて、ああ、あれはO君だというふうに分かるのであって、それ以前は分からない。要するに意識には上ってこないのです。

そういうふうに意識に上ってきた次元では、もう現実のO君と、僕がO君について脳の中で知覚をしているのとは隔たりがある。僕が知覚しているO君は、要するに頭の中で作り出したOという人間の表象でしかないわけです。で、それが本当に現実のそれと合っているかどうかは確かめてみないと分からないというところで、科学的な実験ということになるわけです。

仮想と現実の乖離

そういうふうに、人間の意識の次元では、或る程度仮想というか、現実の対象から少し浮き上がってしまったような性格がいつもあるわけです。だから次に目をつぶっても、つまり視覚によって見なくても、その知覚対象を像としては思い出せるわけです、現実とはかなり違ったものですけれどね。そしてその像を基にして、いろいろと空想を描くことができる。Oのやつは今から、帰りしなに、電車に乗る前に、どこかでうどん屋へ寄ってうどんを食べるかも知れないと想像することができる。しかしそれが現実に起きるかどうかは分からない。

そういうふうに心というのは、いったん知覚ができたら、それについていろいろ想像したり、考えを組み立てることができる。たとえばO君がこれからどういう行動をするだろうとか、どんな性格の人だとか。しかしそれが現実に合っているかどうかは分からないわけです、確かめないとね。でも、そういうのは空想だから、ほとんどが現実とは合わないわけです。

ところが、心がもっと自由になって、肉体とかこの世的なものから離れてくると、たとえばO君がこれから後どうするだろうというのが分かるようになっちゃう（笑）。

――あんまり分かられるのも困りますかね？（一同、笑）

身体は、脳に結びついて働く意識より早く魂の情報を受けとめて働く

そういう自由な心は、普通の、脳に結びついてだけ働いている心に比べると、実はもっと深いところで身体と結びついている。そして、そういう心は、脳に依存して働く心、意識よりも、より密接に前生と結びついているのですよ。

というのは、肉体やこの世的なものから自由になった心というのは、前生も今生もずっと通して生き続けている魂そのものの心だからです。そして、その魂が、実はこの世でその人がもっている身体をつくり出しているわけだから、その身体の脳の働きによって生じた意識（脳の働きと結びついた心）よりも、身体そのものと先ず結びついている。

だから身体は、脳と結びついて働く心よりも先に、魂の情報を受け止め、それに従って働くのです。

身体は、前生も今も続けて生きているような魂によってつくられ、魂そのものの影響やら働きを直接に受けながら動いている。ですから、魂がどういうふうに今思っているかは、反って身体の方が受け止めている面がある。

脳と結びついて働いている心というのは、感覚器をとおして脳に入ってくる知覚とか経験だけで動いている。そして心が脳と結びついてだけ働くところを超えてくると、前生からずっと存続し、今生での身体をつくり出して働かせている魂の意識を、より明らかにキャッチできるようになる。ですから身体が思うこと、身体が感じることの方が、意識で思うよりははるかに前生、あるいは魂そのものとつながっているわけです。

そういうことを、今度実験で試してみようと思っているのです。今までにもすでにいろいろな実験をしてきました。たとえばＥＳＰの実験で、三角とか四角とか波とか丸とかというカードを当てますね。そういう丸や三角のイメージが浮かんできたところで答えを書く。つまり意識の中にイメージが浮かび上がってきた時にそれを書くわけです。

ところが身体の方は、もっと早く、このカードは丸だというのが意識に上らない前に、「丸だ」ということをちゃんと掴んでいる。そして意識に上ってきてそれから答えが出てきたその答えが、統計的な確率で見ると百回に一回しか起きないような答えが出てきたら、その時にＥＳＰの能力があったとみるわけです。

その時に、その人の経絡の働きの状況をＡＭＩで調べると、特定の経絡、つまりマニプラチャクラならマニプラチャクラと関係のある脾経とか胃経とかが、他の経絡よりもはるかに興奮している。また、ＥＳＰの得点がノーマルなケースよりずっと低い場合にも、或る特別な経絡が他の経絡とは違った動き方をしている。その事実が十年か二十年か前の実験から明らかになっていますが、(2) ということは、身体は魂が受けとった或る情報が意識化される以前に、もうちゃんと知っていて、それに反応しているということなのです。

つまり、今の身体を動かし、前生も今も未来もずっととおして動いているような魂の次元でキャッチしている情報は、それが意識に上る前にもうちゃんと身体の方がそれを直接につかまえていて、身体の方にその反応、影響が出ているわけです。

わかりましたか？

身体は自分の魂の鏡

だから、身体をもっと大事にしないと駄目ですよ。体質とか性格とかいうのは、前生もくるめて生き続けている自分の魂の鏡なのですからね。

だから今身体が悪いのは、それは前生をくるめてその魂にいろいろ問題があるわけですよ。だから、自分が今こういう生活しかできないというのは、前生と現在をくるめたその魂の中にその原因があるわけです。


ですからまた、魂が成長して、神様と一つになれるほどに大きく高くなって、その魂が地球なり、あるいは日本なりを動かしている場合には、地球の上に或る大きな変化が起きるような時、あるいは日本に大きな災いが起きるような時には、その人の身体はやはり痛むのです。それは、個人の病気とは違うのです。

また一方、日本や世界でいろんな困難があっても、その人の祈り、その人の思いによって、必ず日本や世界が変わってくる。そしてその人自身も、病気になっても、いろんなことが起きても、必ずそれが治るわけです。それで死ぬ病気にはならない。そして日本なら日本、あるいはアメリカならアメリカを、或るところまでちゃんと動かしていく役目があったら、その役目が終わるまでは決して死にはしないのです。

繰り返すけれども、身体というのは自分の魂の鏡のようなものだから、大事にしなければ。もうちょっと素直に、自分の心というよりも自分の魂とか身体とかを込めた自分という存在、自分の全体的な存在そのものの中へじっと意識を向けたら、自分がどういうものかというのが自然に分かってくるのです。自分の前生が何であるとか、そういうことも自然に分かるようになる。

豊かな感情と理性との調和

魂というのはもともと非常に感情が豊かなのですよ。

感情が豊かでないような人はかたわなのです。しかし感情が豊かだが、感情に堕ちてしまうようなのも、やはりかたわですね。

感情が豊かだということは、全てのものに共感がもてるということなのです。感情が非常に狭い人というのは、相手の人がどんなふうな気持ちをもって今生きているのか、どういう感情を今抱いているかというのは分からない。共感をもてないような人は、魂が非常にかたわで、狭いのです。

理性というのは、どっちかと言うと、バーチャルなものですね。だから現実に合っているかどうかは分からない。

ところが、その感情と理性が、本当の魂の次元では、いつでも調和して動いているのです。

そういうふうになると、身体も心も調和のとれた非常に感情も豊かな人間になれる。認識も非常に確かになる。

ですから感情がどこかで欠けているような狭い人の場合は、認識も非常に偏っているわけです。というのは、或るものを認識するというとき、そのものへの共感がもてない場合にはそのものを直接にありのままにつかまえることはできないからです。対象を直接にありのままにつかまえ得たところで、つまり、ものと一つになってそれを直接につかまえ得たところで、その対象のもつ感情もありのままにつかまえられ、その結果、共感がもてるわけですからね。ですから、その共感は必ずそのものの本質をつかまえる認識と結びついているわけです。

魂の次元で目が覚めたら

共感がもてないような人間は正しい認識ができない。そして、或る人について、その人の方へ心を向けると、その人のことが、自分が見た相手でなくて、相手の立場で相手が見られるようになると、その人への共感も自然にもてるようになる。

現在も前生も未来も続けて生きている魂の次元では、豊かな感情、共感と、認識、それから想像力というのもみんな一つなのです。一つの働きなのです。

その働きを、知るという面からみれば直感だし、共感という立場で見れば感情とか情緒だし、動く時には行動になるわけだが、その行動は、自分に都合がいいだけの行動ではなくて、共感に基づく行動だから相手も自分も一緒に成り立つことができるような行動ができるようになる。言うことも、自分のことばかりではなくて、相手の気持ちもよく理解した上で言うから、その人の言うことは相手にすぐ通じるように、自然になるわけです。ですからもしその相手の人が非常に個人主義で、自分のことしか分からない人でも、本当の魂の次元に生きている人の言葉だったら、その勝手なわからずやであっても、そのまま受け入れられるようになるわけです。

ですから、魂の次元で目が覚めたら、相手の言うこともよく理解できるし、それから相手を本当によく知ってその人を生かすこともできるのです。

では、今日はこれで終わります。

（一九八九・四・一七　朝行）

㈡ 人間の個人性と普遍性

細胞次元からみた人間の個人性

人間が生きている姿を見てみますと、身体の面でも心の面でも、一人一人の人間が、他の人間とは取り替えることができないような非常に個人的な面と、もう一つ普遍的な面というか、あるいは社会性というか、その両面をもっているように思います。

例えば、人間の身体を見てみても、最近の学問で新しく分かってきたことですが、遺伝子というものが染色体の中にいくつもの種類で含まれているわけですが、そのいろいろな種類の遺伝子が、肝細胞にしても、AならAという人だけに固有の肝細胞を作る。また、その肝細胞で作られ分泌される消化酵素など、いろいろなものが全て、蛋白質のようなものであっても、その人固有の蛋白質であって、他の人とは違うのです。

他の身体各部の臓器や組織の全ての各細胞そのものが、その人固有のあり方をして、他の人の細胞とは取り替えることができないような、そういう性質をもっている。

アミノ酸の分子構造にみられる普遍性

ところが、細胞の次元ではなくて、もっと原子とか分子という次元で見ますと、地球の上で出来た原初の生物がだんだん進化をして、人間の身体に発展をしてきたわけですが、その人間の身体の中で働いているアミノ酸というのは二十種類ぐらいあって、そのアミノ酸の分子構造は、地球の自転のせいか、太陽との関係のせいか、ほとんど全てが一つの方向性をもっている。例えば右なら右に曲がるように、一つの方向性をもっている。そういう意味では、アミノ酸の構造の上で一つの共通な方向性、性質をもっている。

元素次元からみた宇宙的規模の普遍性

一方、遠い宇宙で、太陽のような大きな星が何億年か前あるいは何十億年か前に壊れて爆発をした時点で、核融合とかプラズマ現象というのが起きて、その中でモリブデンとか銅のような、非常に重い金属の元素が出来た。これらの元素はもともと地球の上で出来たのではなくて、ずーっとはるか、光の速さでも地球まで届くのに十億年とか二十億年とかかかるような遠い所で、宇宙的な爆発が起きて出来たのです。その元素が、隕石に含まれるとかいろいろな形になって、地球まで到達をして、それらを取り入れながら、この地球はだんだん出来上がってきたわけです。

ところがその、地球にぶつかるまでに何十億年もかかったようなはるか遠い昔の遠い宇宙で出来た重い元素、つまりモリブデンとか銅とかセレンとかいろいろな元素が、人間の身体では非常に重要な働きをしていて、人間の中ではそういう金属を取り入れた金属蛋白質という蛋白質とか、その金属を取り入れた酵素というものがあって、そういうものが働かないと、血液ができなかったり、粘液を作り出すことができなかったり、あるいは蛋白質を作り出すことができないのです。その含まれる量は、何ピーピーエム（ppm）というふうに非常に微量なのですが、それがないと人間の身体そのものが成り立たない。

そして、そういう微量な元素は地球で出来たのではなくて、はるか何億年という、光の速度にしてもそれほどかかる遠いかなたの星が壊れて出来たもので、それが地球にまでやってきて、地球に隕石の形でぶつかって、マグマに溶けた、それがまた地表に火山その他で吹き上がってきた。その元素が、地球に海が出来た時に海水に溶け込んで、その海水を生物が取り入れて、進化して人間となり、人間は身体の中に、今でもその海水（体液）をもっている、その海水の中のこれらの金属元素がないと、人間の細胞というものは成り立っていかない。

そういうふうに考えてみると、遺伝子という面でみると、誰の身体も皆独自のものであって、他のものと入れ代わることができないけれども、人間の身体をもっとミクロの世界、もっと普遍的なところまで推し進めてみてみると、人間の身体は宇宙的な規模で出来ているわけです。非常に普遍的な面をもっている。

精神面での個人性と普遍性

心という面でみても、自分は他の人間とは取り替えることができない。哲学で「実存性」という言葉がありますが、人間は誰でも、他の誰の人格とも取り替えることができないような、非常に個人的な存在であります。しかし同時に、人間は誰でも一人だけでは生活することができない。多かれ少なかれ、一つの集団を作り、一つの国家を作って、皆で共同体で住んでいかないと、人間というのは生きていけない。

そういう社会性というものをもっているわけです。

政治と宗教の分断

ところが、今言ったような人間の個人的な面と社会的な面とが、なかなか折り合わないのです。

今、政治とか経済の状態をみていると、この四、五百年ぐらいの間、政治と宗教が分離をした状態が西洋のキリスト教圏の中で続いた。それがそのまま、日本やいわゆる西欧社会の文化の洗礼を受けた国々では引き継がれて、政治と宗教というのは分離をしていて、政治は人間というものを最も社会性をもった人間存在という形で取り扱う。

そして、その場合に、物の方に重点をおいて、人間の心というものにあまり重点をおかない。

人間を「物」としてみる政治

要するに、生命とか財産の保持ということが国の政治の一つの目的ですが、それは身体、財産、金というふうな、物に関する法律としてあらわれている。人間を「物」として、つまり財産を持ち、身体をもっている、そういう人間として、政治は今人間をみているわけです。

ですから、社会主義とかそういうものが、人間を一つの社会存在としてみる、その時に、どちらかというと「物」としての人間をつかまえていて、「心」というものをつかまえていない。

だから政治の中には、宗教とか道徳というものが現にないわけです。

政治的腐敗の原因

リクルート事件(3)などのように、いろいろな金にまつわることで腐敗が起きるのも、政治そのものが「物」にだけかかわって、「物」の力だけで動いているのが今の現実の政治のあり方ですから、そこでいろいろな問題が起きるわけです。

これに対し、個人性の問題というのは、心の問題に限られてしまって、宗教のこと、個人のこと、心や魂の「救い」のことは宗教にあずけてしまって、政治はそれに携わらない。

人間本来のあり方に背いて

だけど、人間というのはもともと、個人でもあるし、社会的な存在でもある。両面をもっている。

それが、今の国とか政治とかの次元では、全くこの両面を分断してしまって、社会的な、そしてこの世的な物の面だけの人間に限られている。人間を分断しているような形で、人間を保護したりする組織が二つに分かれてしまっている。

しかしこういうのは、本来のあり方ではないと思うのです。つまり、社会性ももっているし、個人性ももっている、その両方が具体的に調和を保っているのが、本来の人間の正しいあり方だから、その両方が分かれてしまったあり方というものは、人間を正しい状態、幸福な状態には決して導いていけないと思います。

社会性に対する個人性の反抗

そういうことが今一つの限界に達して、社会的な組織、つまり共産主義とか社会主義の国ぐにでは、個人の自由、つまり、個人が財産を持って、自由に自分の精神活動を行なえるような体制にしてほしいという形で、今、大きな一つの民主化運動が起きている。

これは、社会性に対する個人性の反抗であり、人間の中にある社会性だけを強調したような、「物」の面だけを強調したような政治体制に対して、個人の自由と「心」の自由、あるいは「心」の独立というものを、東欧の何億の人たちが求めているわけです。

個人尊重の行き過ぎ

ところが、いわゆる自由主義諸国の民主主義では、個人があまり自己愛に基づいた自由を謳歌し過ぎると、こんどはオカルトのような妙な宗教がはびこる。

自己愛というものがふえてくると、簡単に、豊田商事(4)のようなものにひっかかりやすくなりますが、今、オカルトブーム(5)が起きているのは、心の面、宗教の面での豊田商事とあまり変わらない。行をしたら何日かで、あるいは半年くらいで、簡単に悟りが開けるとか、超能力が得られるのだとかというのは、簡単に金儲けをさせようと言う豊田商事とあまり変わらない。

つまり、自分に自信がない、不安定であるような心の持ち主が、なんとかして自立ができて、一人前にやっていきたい、それには手っ取り早く超能力のようなものを得たい、心の安定が得たいと願って、インスタントラーメン式に、三日あったらできるとか、一週間あったらできる、一月もしたら悟りが開けるという宗教に飛びつきやすい。

これも、非常に乱れた状態だと思うのです。

入我我入の世界

本来、神様がずーっと人間の進化をお進めになっているその究極のところは、「神の国の実現(6)」ということなのです。しかし今の進化の段階の人間では、今も言ったように、個人性というものと社会性というものとが分離をしていて、なかなか調和、融合しないのです、本来は調和がとれていないといけないものが。

ところが、行をしていきますと、弘法大師や龍樹菩薩が言われたように、「入我我入」[7]ということがあって、自分が人の中に入っていく、また自分の中に一切のものが入ってくる。

一切のものが自分の中に入ったり、自分が人の中に入ったりするということは、自分だけで他の人間とは全く違うものだというふうな、個人性というふうな小さな殻が破れて、だんだん人と自分とが一つになれるような、そして自分の中にいろいろなものが、大きく言えば宇宙までもがあるような、そういう普遍的な存在になれるということなのです。

また、人の中に入っていけるということは、一人一人別の人間になって、その一人一人の人を助けたり、働かせたり、生かしたりすることができるということなのです。

つまり、行が進んで心がひらけて、個人的な存在という枠にとらわれない、そういう枠を超えた自由な境涯に達すると、個人でもあるけれども、それと同時に、皆を包むことができる非常に普遍的な存在でもある。そして、普遍的な存在でもあるけれども、他の個々の人にもなりうるし、また自分個人としても成り立つ。

光と光が溶け合うように

霊の世界のうち、皆さんが死んだら、普通すぐ行ってしまうようなアストラル次元の世界では、感情とか想像というものが主に働いていて、個人個人が別々の魂で別々の身体をもち、性的な行為もあるしご飯も食べる。

そういう次元を超えた、感情をコントロールできるもっと高い次元のカラーナの世界、あるいはさらにカラーナをも超えたプルシャの次元、つまり神々の次元の世界へ行くと、身体をもっていても（プルシャの次元では個人としての身体はもうないのですが）、ちょうど水と水が合わさると一つの水になったり、違う電球から光が出ていても、光と光が合うと全く一つの光のようになるように、心も身体も一つになることができる、だけれどもまた別の身体でもあるような、普遍性と個人性というのが全く調和できる状態に、だんだん変わってくるのです。

政治と宗教の統合の実現へ向けて

そういうふうに、人間が霊的に進化、成長すると、今の人間の進化の段階では個人性と社会性が相対立して、政治・経済と宗教というものも分離しているけれども、政治・経済も宗教もお互いに一つになれるような社会が出来てくる。

そういう、宗教も政治も経済も一つになれるような方向に向かって、今、人類の世界の中に大きな一つの変革が起きる前兆が現に起きてきている。そしてその底には、神様の大きなお働きがあると思うのです。

霊的進化のみによって

これから十年あるいは二十年、三十年たったら、今の私たちが知らないような、びっくりするような、物理的な次元での機械とか道具、コンピューターなどが大きく進歩するだろうと思うのです。今のわれわれには想像もつかないような、大きな変革が起きるでしょう。それにつれて、社会のあり方や政治・経済のあり方も、必ず変わってくる。

そういう時に、心が、今言ったように、個人性と社会性とが不調和な状態のままの人間では、それについていけないと思うのです。

そこで大事なことは、日頃超作をして、神様からいただいた仕事を一生懸命にして、自分のためだけの結果を追い求めない。皆の役に立つような仕事を、神様からいただいた仕事として一生懸命にやって、その上で神様にその結果をお任せでき、厚い信仰をもって、霊界と顕界に調和と霊的成長がもたらされるようにお祈りができる人間に、皆が成長することですね。

皆さんにそのように成長してもらいたい。それが、この四、五年の間ずっと神様のご神言を伺いながら、世界がずっと変わっていく、その変わっていくのを神様がずっと進めていられる、それをみていて、希うことなのです。

これからの人間というのは進化をしなければいけないのだ、そうしないと、人類は決してこの世の中に長くは生きていけないと思います。

自己愛のもたらすもの

といいますのは、物の面だけで非常に進歩した科学というのは、例えば今皆さんは便利がいいから車に乗って走り回る、飛行機に乗ってあっちこっち飛び回る。それがいかに大気の酸素を減らし、炭酸ガスを増やしているか。

今酸素は空気中に二〇%ぐらいありますが、元々地球の出来た頃には酸素というものはほとんどなくて、炭酸ガスが多かった。

その炭酸ガスを、例えば貝類、ハマグリとかアサリ、またエビなどの甲殻類が、海の中にたくさんあるカルシウムを取り込み、空気中にたくさんある炭酸ガスを取り込んで、炭酸カルシウムというものを作った。サンゴもそうですね。

カルシウムと炭酸ガスを一つにして、ああいう固い殻を作り、自分の身を守るような、また自分の身体が身体として成り立つような支持組織を作っているわけです。

また、植物が出来て、炭酸ガスを取り入れて酸素を次々と吐き出してくれる。炭酸ガスが人間にとって毒であるのと同じように、酸素は植物にとっては毒だから、炭酸ガスを取り入れて、酸素を吐き出している。

そういう植物、海の中のサンゴとか貝類、甲殻類、そういうものが何億年かかかって、今のように酸素が空気中に二〇％ぐらいできるようになったのです。

それで、酸素を燃やしてエネルギーにして効率よく使う身体をもった哺乳類が出来たのは、地球が出来て何十億年か経ってからなのです。

そのありがたい酸素を、便利がいいからというので、飛行機に乗ったり、冷暖房のために重油を使ったりして、その結果、今の空気中の酸素の量が二〇％あるのが、例えば十九％あるいは十八％になったら、皆さんの意識はいつも朦朧として、酒を飲んでいるような状態になってしまう。

人間が、自分が生きるために自然をどう使ってもよろしいというふうな（これはキリスト教的な考えが元になっているわけですが）、自己愛に基づいた行為ばかりをしていたのでは、人類は長くは生きられないと思います。

すべての存在と調和して生きる

ここで大事なことは、自然と一緒になって生きるということですね。

人間の身体も、さっき言ったように、宇宙的な規模で出来上がっている。そういうふうに神様が創って下さっているのだから、人間の社会だけではなくて、宇宙とも、あるいは自然とも、一緒に生きていけるような社会や政治を作っていかないと、これからの人類は決して生き延びられないと思うのです。

あと何百年かするうちに、もし炭酸ガスの量が増えて、酸素の量がだんだん減れば、ちょうど数億年前に大きな爬虫類、恐竜がいっぺんに絶滅したと同じように、人類が絶滅する日は必ずやって来るだろうと思うのです。

これからの人間の生き方

だから、今、人類が本当に自分の都合だけで自然を自由勝手に使うという考えを改める時がやって来ている。

政治の上でも、自分勝手なことばかり言っている民主主義もだめだし、人間を「物」としてしかみないような社会主義もだめだし、両方が相まった新しい政治体制というものができないとだめだと思うのです。

そして、それにはどういうふうにしたらいいかということに、これからすぐに手をつけなければいけない時代だと思うのです。

神様の大きなお働きがあって、必ず未来で神の国がこの世で実現できるように、神様は働いて下さっているのだろうと思いますから、そのためには、今言ったようなことをよく自覚をして、自然と共に生きる、それから超作をする、小さな自分の自己愛に堕ちないような生き方をするということが、これからの人間にとっては、非常に大事なことだと思うのです。

超作と信仰を

超作と信仰を怠らないで、自己愛に堕ちないように、社会のためにも、それから霊界の霊が救われるためにも、一生懸命にお祈りをしたり、励んでいただきたいと思います。

少し長くなりましたけれども、非常に大事なことだと思うから、少し時間をかけてお話ししました。それでは、これで終わります。

（一九八九・一〇・二三　本宮大祭）

(三) 自然と共に生きる

朝、みんなと（玉光）神社で坐る（坐行をする）のも、神様のお仕事の一つなのですね。それによってみんなが成長していくわけですからね。しかし時々一人で坐ると、一人で坐るのはやっぱりいいなあと思いますね。一年に一回か二回は、ひと月ぐらい山の中で一人で坐れるといいなあと、この頃何となく思うときもあります。みんなと坐ると、すっと上に上ってはいくのだけれど、たとえて言えば、どこかで足を引っ張られるような感じがあるんですよ。みんなも一緒に大きな器の中に入れて連れて上ろうとすると、すぐに引っ張って上ることはできるが、それでも、一人で上る方が、楽は楽ですね。

進む自然環境の変化

今年はご神言が正月にあったように(8)、世界中でいろんな大きな変化が起きましたね。ところで、人類が滅びないで続くためには、今のように人間が思い上がって、自然とか資源とかを、自分たちの好きなように勝手に変えたり使い放題に使っていてはだめですね。もうすでに地球の温暖化とか、海水の増加とか、炭酸ガスの増加や酸素の減少などの、重大な現象が起きてきています。酸素が減少したら、すぐに哺乳動物は生きられなくなりますね、酸素が空気全体の二〇％ぐらいないと。酸素を吸って、身体の中で、食物として摂った脂肪とか糖質を燃やしてエネルギーを得て、それでみんな生きてるわけですから。

身体の成分というのは、水の他は蛋白質が主なのです。繊維にしてもみんな蛋白質なのです。骨はカルシウムが沈着してるけど、骨髄の中はコラーゲン繊維というのが主で、その繊維も蛋白質なのです。そして私たちが食物を外から摂って、自分自身の蛋白質をつくり出したり、あるいはいろんな外界に適応しながら動いていくのには、エネルギーが要る。そのエネルギーのもとになるのは、食物の中の糖分とか脂肪ですね。この糖分や脂肪が、呼吸によって摂り入れられた酸素によって体内で燃えるときに、身体を保持したり、作ったり、動かしたりするためのエネルギーができるわけだけど、蛋白質以外のものは要するにエネルギー源なのです。

そして一番効率よくエネルギーを作り出すことの条件の一つは酸素だから、酸素がないと、哺乳動物、特に人間は生きていけない。ちょっとでも減ったらもう生きられないのです。

それを、自分の都合で飛行機を飛ばしたり、自動車を走らしたり、冷暖房をしたりするが、そういうもののほとんどのエネルギーは、酸素を燃やして炭酸ガスを出すことで得られている。

神から与えられた物を大切に使う禁欲の心

ところが、その酸素は、地球が出来た初めは空気中にはなかったのです。今のように酸素が大気中にできるまでには、何十億年もかかっている。

その酸素を、人間はわずかここ何百年ぐらいの間に、いわばどんどん、どんどん消費しているわけです。だから、もはや人間が住めない程度に酸素が減って炭酸ガスが増えたら、動物は生きていけない、滅びるよりしようがない。

そういうことにならないようにするためには、旧約の創世記に書いてあるように、物は神様から人間に与えられたものだから、必要に応じて人間が利用したらいい、しかし同時に、物は神様に与えられたものなのだから、無駄に使ってはいけないという、禁欲の心にたちかえらないといけないと思うのです。

ところがその宗教の教えからだんだん離れてしまったために、欲望の抑制がきかなくなって、とうとう今こんなふうに、人間が住めなくなるような状態がだんだんできてきたわけです。

ですから大事なのは、宇宙の物はすべて神様につくっていただいたものだから、大事にしなければいけないということですね。

物も人間も神から出た同じもの——尊敬し大事にしあって共存する

しかし、さらにもっと進んで、仏教とかアジアの宗教では、物も人間も、もともとは神様から出てきて本質的には同じものなのだから、お互いに尊敬しあい、大事にしあって、互いに共存していけるようでないといけないというふうに教えている。やはりこの教えの方が真理だと思うし、こういう考え方だと、人間も今の生活の仕方を改められると思うのです。そういうふうに改めていかないと、必ず人間はいつか物にやっつけられるんじゃないかと思います。

人間の心というものが、今の状態だと、必ずいつかは滅びるときが来るように思いますね。物の心も人間の心も、もともと神様から出てきた一つのものなのです。物の中にも心があるのだから、物を大事にしなければ。使い捨て文明というのは、人間の、とても思い上がった、物を大事にしない、人間を滅ぼす文明だと思うのです。そこを人間が強く自覚をしないと、滅びるんじゃないかと思います。

今、癌で亡くなる人がだんだん増えていますが、言ってみれば、人間が宇宙の自然の中の癌になっているから、人間の体に癌が並行してはびこるのかもしれません。

身体というのは、細胞が分化をして、臓器や組織をつくり、それぞれのところで或る一定のところまで増えたら、それ以上増えないようになっているのです。それなのに無制限に増えるところが、癌の、非常に自分をコントロールできない、他のものに協調できないという特徴なのです

人間も今ちょうどそういう状態ですね。

遺伝子の中には、癌を抑制するものが組みこまれていて、それがちゃんと働いたら

癌にならなくてすむわけですが、今のような飽食生活というか、好きなものだけをいっぱい食べて、必要なミネラルとかビタミンとか取り入れないでいると、遺伝子の中の癌を抑制する機能とか、ある細胞や組織だけが増えすぎたり不足したりするのを防ぐ機能が働かなくなってしまうわけです。

たとえば人間の蛋白質の中では、コラーゲン繊維というのが一番多いのです。つまりいろいろな細胞や組織があるけれど、それらを結びつける繊維がないと、身体がばらばらになって、まとまらないわけですからね。そのコラーゲン繊維という蛋白質は非常にがっちりしていて、何重にも、より糸のようになっているが、そのコラーゲンを分解するコラーゲナーゼというのがあって、それは亜鉛を含んでいる。それが働くと、或る一定以上には、コラーン繊維が増えなくなるのです。増えすぎると、膠原病という、どうにもならない、身体中が固くなる病気になっちゃうのです。

だから、コラーゲンというのは、身体中にいっぱいあるわけだけど、ありすぎても困るわけです。ですから、コラーゲンが増えすぎないように、これを壊して溶かしていく物質が、身体の中にあるわけですね。

人間の身体は、さっきも話したように、酸素を摂り入れないと生きていけないけれども、その酸素が身体の中で或る化合をするときに、たとえば水素が二個で酸素が一個でH_2O、水となるけれども、水素が二個で酸素が二個になると、H_2O_2、過酸化水素となって、身体にとっては毒になるのです。ですから、酸素はちょうど両刃の刃のように、多すぎるとH_2O_2のように毒になって、細胞膜を荒らして、遺伝子を壊して、癌をつくる原因になっちゃうのです。で、それでは困るから、身体の中には、酸素を一つ取り戻してもとの水の状態にするような働きをする酵素が必ずある。ところがミネラルやビタミンの摂取が少なくて、その酵素の働きが衰えると、癌になる。だから適当にカルシウムなどのミネラルを摂っておかないといけない。

癌になるにはいろんな原因があるが、要するに人間の身体の中には癌になるのを防ぐ働きが必ずあるのに、生野菜とか海草とかを十分に摂らないでいると、ミネラルやビタミンが不足して、その防ぐ働きが弱くなると、癌になるのです。

特に身体が老化をして、コラーゲン繊維が増えて体液の流れが悪くなると、いわゆる老廃物をきれいに掃除をする能力が減ってくるわけですね。そうならないためにはは、経絡体操(9)をしたり、適当なビタミンとかミネラルを摂っておかないと。人間は、癌になる素質を正常な細胞そのものの中にみんなもっているのです。ですから、まず体操をする。それからビタミンやミネラルを食物から摂る。

しかし、食べたいものだけ食べて、残りは放ってしまうようではもったいない。食物や資源に対する尊敬の念をもたないといけないと思います。そのためには、欲をただ抑制するだけの、キリスト教的な禁欲だけではだめで、自然を愛し尊敬する気持ちが大切だと思いますね。それがないと、自然とは共存できないと思います。そういうことが大事なところですね。

(一九八九・十一・二　朝行)

㈣　モノの中にある神性を拝む

（S）　今日の組の会[10]では『霊的成長と悟り』五九頁の、「モノの中にある神性を拝む」というところをテキストにして勉強しました。とてもむずかしくて、皆でいろいろ話しあいました。

（本山）　うーん、今の人は、そういう、自然とか物とかを拝むような心が足りないんだよなあ。昔は、そうじゃなかったけれど。

でも、ヨーロッパへ行くと、足りない、というよりは、ないですね。自然を拝むということは、ないように思います、今の、キリスト教のヨーロッパにはね。

だけど、二千年から三千年ぐらい前、あるいは、五、六千年ぐらい前に、今のインドとかヨーロッパの言葉の元になるような言語を話していた民族は、西アジアとか中央アジアのどこかからヨーロッパへ入っていったらしいが、その人達は、自然崇拝とかシャーマニズムというのをもっていたのです。

また、今のイギリスのウェールズやアイルランド、スコットランド、あるいはフランスに住んでいるケルト族という民族の人達、それから、イギリスでストーンヘンジという巨石の祭壇を作った人達、その人達も、水とか山とか川とか、そういうものの中にある宇宙の自然の生命力を、神様として拝んでいたのです。

しかし、今のヨーロッパ、特にキリスト教の伝統のあるところでは、キリスト教という砂漠の宗教が入ってからは、そういう自然を神様として拝むということはなくなったのです。

自然と人間とはもともと一つのものだという考え方は、砂漠の宗教にはないんですよ。というのは、砂漠というのは、雨が降らなくなり水が渇れると、生物はどんどんどんどん消えてなくなってしまうでしょう。砂漠の中では、水がなくなると、木でも草でもすべて死に絶えてしまう。ですから、そういう自然の中に永遠に続く生命力があるなんて、皆思えないんですね。

それが日本だと、春になると木々や草や稲が芽を出して、花が咲いたり、やがて実をむすんだり、毎年、時期が来れば大自然の生命が繰り返し繰り返して出て来ますね。だから日本とかインドとか中国とかそういう所では、自然の大生命というのは永遠に続いていて、人間も自然の草も山も川も、同じ自然の大生命の現われであるというふうにね、自然に感じるわけです。それで、まあ、日本も含めてアジアでは、そういう自然そのものの中に神様の力を感じとるのです。

実際に皆さんだって、山の中へ入ったり、山の中で小屋を作って野宿をしたりしてみると、自然の大きな、何ともいえない力を感じとれると思いますよ。そういう力を感じとるのには、小っちゃな自分の、人間の意識のようなものがあったら、なかなか感じとれない。だから、感じとれないような人は、それだけ小っちゃな人間だってことですね。

ところが、明治以降の、西洋風の教育を受けた人達は、次第に西洋風の考え方の影響を受けて、自然を拝むというような心を失っていった。特に戦後の、アメリカ式の教育を受けた人達は、勝手放題に食べたり、飲んだり、使ったりしたあとは、余ったものはみんな捨ててしまえばいいというふうになってきたように思います。

そういうものの考え方というのは、自然や物には全く心がないという考え方ですね。で、そういう考え方で、結局、自動車は便利だからたくさん石油を使えばいい、森林は家を建てるのに必要だから伐ればよい、というわけで、使い放題使ったり伐ったりしてみたところ、最近になって、空気が悪くなってきたとか、気候が異常になってきたとか、地球そのものが壊れそうになりかけてきて、あわてて、自然と共存しなきゃいけない、なんて皆言いかけてきました。

それは、ヨーロッパでは、自然がどういうものか、つまり、自然と人間とは本質的に同じような心を持っているというのを知らないから、こういうことになったのですよ。

で、その付けが今廻ってきて、人間の住める地球が壊れてしまうかも知れないというところまで来たわけです。

こんな話でもいいのかな？

（S）　結構でございます。よろしくお願い致します。

（本山）　地球が出来てから、四十五億年から五十億年になると言われていますが、今から四億年ぐらい前までは、地球の表面は、赤茶けた土があるでしょう、あんなふうになっていて、一切、何の生物も存在していなかったのです。地球が出来てから四十億年もたっても、やっとそんなふうだったのです。

空気にしても、地球の出来たその頃はなかったのです。地球内部からガスがしみ出して来て、だんだん原始大気が出来て、次第に今の大気の組成に近くなっていったのですが、それでも、空気中に酸素分子はなかったのです。地球上に酸素が出来るようになったのは、海が出来、生命が誕生してからなのですよ。

海が出来たのは、地球が出来て四、五億年ぐらいの頃から雨がいっぱい降って、そして海が出来た。海は、遅くとも三十八億年ぐらい前からは確実に存在したと言われています。

その海の中で、いわゆるアミノ酸のようなものが出来て、蛋白質が出来、最初の生命が生まれた。それは、非常に微細な、バイ菌のような微生物でした。生命の誕生は、三十五億年以前にさかのぼれるそうです。

この微生物は、酸素を必要としない発酵によって、外部の有機物をとり入れていたようです。それが次第に進化をして、藻のようなものが出来て光合成をするようになって初めて、酸素が出来るようになった。それは、約二十七億年以前と言われています。

それがさらに進化をして、サンゴとか貝のようなものも出来てきて、それらがまた水の中にある炭酸ガスを吸い取って、それとカルシウムとを一緒にして、ああいう固い殻を作る。

炭酸ガス（CO_2）というのは、酸素の（O_2）と炭素の（C）というのがひっついて出来てるわけだけど、珊瑚とか貝とかエビのようなのが、この炭酸ガスを吸いとってカルシウムと一緒にして殻を作る時に、酸素を分離する。

こうして酸素が、これらの海の中の生物たちによって、だんだん空気中に出来てきたのです。ですから、空気中に酸素が大分出来るのには、光合成をする生物が出来てから二十億年以上もかかっているわけです。四億年ぐらい前になって、やっと大気中に十分な量の酸素が蓄積してきたところで、今度は地表から十キロないし五十キロぐらい上のところに、いわゆるオゾン層というのが出来た。

オゾンというのは、大気中の酸素分子（O_2）に太陽の紫外線が当たると、それが酸素原子（O）に分かれるのです。

それが酸素分子とひっついたのがオゾン（O_3）ですね。酸素分子は酸素原子が二つくっついて出来てるわけだけど、そのオゾンというのは、酸素の原子が三つくっついて出来ているのです。

　水中の生物たちが陸の上にあがれるようになったのは、このオゾン層が出来たからなのです。というのは、太陽の紫外線のうち、生物にとって有害な成分をオゾン層が吸収するからです。ですから、オゾン層が僅か数パーセント減っただけで、皮膚癌が出来たり、白内障になったり、免疫機能が低下したり、細胞を作っているDNAというのも壊れてしまう。したがって、紫外線がふえると、人間の細胞だけでなく、あらゆる動物や植物の細胞が成りたたなくなるのです。ですから、植物でも何でも、みな、オゾン層が未だ形成されてなくて、紫外線が未だたくさん太陽から来てる間は、生物は陸の上に住めなかったわけです。

　だから、四億年ぐらい前になって、オゾン層が、やっと十キロから五十キロぐらいの高さの所に、ほんの僅かの量、一気圧の気柱にしたらたった三ミリぐらいの量のオゾンによって形成されて、紫外線が地球の上に多量に入らなくなって初めて、海の生物が陸へ上がれるようになったのです。

　こうして陸の上に上がった細胞が分化をして、つぎつぎ増殖が出来るようになって、苔類とかシダ類のようなものが出来て、それから、だんだん木が出来た。それでさらに酸素が出来るようになった。

植物は空気中の炭酸ガスを吸って酸素を出すでしょう。空気中の炭酸ガスを吸って、太陽から来る光のエネルギーでその炭酸ガスと土の中から吸い上げた水分とを化合して澱粉を作る。これがいわゆる光合成ですが、その時に酸素を出しちゃうわけですね。

それで酸素がだんだん増えて、いろんな動物が出来て、進化していって、それでやっと人間が生まれたのが、二百万年から三百万年前だから、地球が出来たのが四十億年から五十億年ぐらいの歴史だとするとね、二、三百万年ぐらい前というと、一日で言ったらせいぜい一分ぐらいしか経ってないわけです、人間が出来てからね。ほんの僅かの間なのです。

その僅か二、三百万年の間に、人間が、今度はいろんな知恵が出て、まあ、それで、物は勝手に使ったらいいんだというふうに考えるようになってしまった。

砂漠で出来た宗教であるユダヤ教やキリスト教では、物は神様から与えられた恵みだから、人間が好きなように使えばいいと考えるんですね。そういう、物と心とが対立をしていて、物は自由に使えばいいというような思想が根底にあって、科学が発達して、戦争する時の道具をうまい事作ってきたわけですよ。

そういう科学の発達によって、人間は今、いろいろな生物たちが三十数億年もかけてやっと作ってきた大気中の酸素を、化石燃料を燃やして多量に使って、炭酸ガスをふやしている。フロン等の使用でオゾン層も破壊されつつある。

その上に、木をたくさん伐って、森林が減っている。最近では、酸性雨によっても森林が枯れていますね。このように、物をただ物としてみて、それを人間が勝手に使えばいいというようなやり方をしてきた結果、人間はだんだん生きていけなくなってきているのです。

ところがアジアの宗教では、自然の中に宇宙の大生命というか、神様の力を感じとるから、自然を拝むようになる。

富士山に登ったって、富士山に登る時に六根清浄というふうに身を浄めて登るわけです。ところが、ヨーロッパの人達だと、山を征服したって言うでしょう。

そういうふうなキリスト教的な思想に基づいて物を見てきて、それで出来た科学が、結局は地球を壊すようになってきているのです。

原子爆弾だって水素爆弾だって、十個ぐらい落ちて、それらの粉塵で地球が覆われたら、もう、何も出来なくなっちゃいますね。食べ物が第一出来なくなっちゃう。太陽の光線が来なくなっちゃう、暫くの間。何十年か何百年か。

——そんな話は、この本には書いてないですね。

（S） ええ。だけど原爆についても、さっき皆で話しあっていたのです。

（本山） ああ、そう。

それで、人間がもう一度、そういうキリスト教的な考え方でなくて、人間と自然とはみな神様に作られたものなのだ、だから、人間の中にあるのと同じような魂が、自然の中にも、石の中にも土の中にもあるのだ、というようなことが自覚できるようにならないといけないと思うのです。

ただ、木を伐って森を壊したら酸素が無くなるから壊さない、というのではなくて、自然の中、自然そのものに神様の力を感じとるような宗教が出来て、自然と人間とが本当にお互いに隣人同士のように生きていけるような生活態度をこれから作っていかないと、人類というのは滅びるだろうと思います。

で、そういうふうな新しい世界宗教というのが必要なわけです。もう、今までの宗教では追い付かないのです。

今までの宗教では、地球を守ることはできないのです。今までの宗教では、人類というのは生き延びることができない。だから新しい世界宗教が、もう、是非、必要なわけです。

仏教の場合だと、仏性というか、絶対の仏様と同じ性質が、石の中にも、草の中にも、人間の中にも、空気の中にも、至る所にあるといいます。

そういうふうなところにすべての人間が目覚めて、共存をしていく。そしてさらに、自然の中に仏性というか、絶対の神の力を見出して、それを崇拝するように、他の人間の中にも神様の力とか性質を見出し、また自分の中にもそれを見出して、人間を、五十年か百年か経ったら死んでしまうような肉体だけの面で人間を見ないで、本当にお互いに相手の中に神様の性質とか、仏様の性質があるのが拝めるような人間に皆がなったら、喧嘩しなくて済むと思うのですよ。また、国と国とが争わなくて済むと思いますね。で、そういうふうな宗教が、出来なきゃいけないと思うのです。

こういう境地は、一つの悟りだと思うのです。そして、そういうふうに悟りが誰にでも開けるようにならないと、これから先困ると思うのです。悟りというのは、偉い、お釈迦様のような人だけが悟れるのでなくて、誰でも悟れると思うのです。皆、同じ神性をもっているのだから。

ただ、今までの仏教は唯心論に傾きすぎていて、物の世界の、心の世界からの独立性についての考察が欠けていて、そのために、仏教のもとでは、科学は発達しなかった。これからの宗教は、科学をその中に包みこめるものでないといけないと思うのですが、このことについては、『宗教の進化と科学』や『呪術・オカルト・隠された神秘』[11]等の本を読んで下さい。

今日皆が読んだ所では、こういう点が大事なことですね。

（S）初め、さっと読んだ時には、分かったようなつもりでしたが、深く読んでいるといろいろ問題点がたくさん出てきてしまって、皆で話しあっていました。

どうもありがとうございました。

（一九九〇・四・一七　組の会）

㈤　人間と地球

エネルギー不足、公害の深刻化

今朝、行の時に、これから先、地球や人間は一体どうなるんだろうかなあと思って神様に心を向けていた時に戴いたご神言について、お話ししましょう。

二十一世紀の初めの二、三十年ぐらいのうちには、アジアの国ぐににおいては、ちょうど第二次世界大戦後に日本がどんどん経済成長したように、日本と同じレベルに皆が成長するでしょう。キリスト教の国も仏教の国も、あるいはイスラムの国も、皆、物の豊かな生活を求めて、そういうことが目標で、あと二、三十年ぐらいの間動きますね。そして、エネルギーの不足とか公害とかが、今よりもっと深刻になりますね。

それから、現在食糧生産は頭打ちの状況なのに、人口は年間で二千万人ぐらい増えているようです。しかしこれから後、人口が爆発的に増えていくということは、どうもなさそうです。

けれども、今まで非常に宗教的であったアジアの人たちが、物の方に偏って、神とか魂の次元のことを忘れていく時代が、あと二、三十年続くでしょうね。現在、アメリカや日本では、魂のことをだんだんに気がつくようになってきていますが、アジアでは、逆に物への傾きがだんだん強くなってきて、その後、西暦二〇三〇年か四〇年頃になってから改めて霊的次元のものに気がついて、これではだめだというので、霊的なもの、精神的なものへの大きな転換が起きてくるでしょう、徐々にね。

このように二十一世紀は、今の先進諸国では、だんだん物から魂の方へ目が覚める動きがやっと始まるけれども、アジアの方では、魂の次元への目覚めが起きるのは、逆に三十年か四十年か先の話ですね。逆になるんですなあ。

その頃になると、魂の次元での学問は今よりもう少し盛んになると思います。いろんな角度からの研究が行なわれるでしょう。しかし、そういう魂そのものについての、あるいは人間の心についてのいろんな研究が実際に進むのは、あと百年も先の話ですね。二十二世紀頃になってやっとそういう研究が確立するようになるでしょう。まだまだ先のことで残念だけれど、仕方がないですね。

ひとたび「物」に溺れると

また、二十一世紀の初めには、今よりはいろんな公害が進んで、地球の環境が悪くなりますね。あと二、三十年も経つと、人間が非常に住みにくくなると思います。そして気がついた時にはもう遅いようでは具合が悪い。しかしまあ何とか乗り越えていけるとは思いますが、そのためには、今のうちに、人間はどう生きるべきかという指針、――哲学というか、方向付けを、しっかり世界中の人に示しておかないといけないと思うのです。

しかし、二〇〇四年頃、すなわち、今から十年も経たないうちに、大きな世界戦争のようなものが起きるのではないかと心配していましたが、そうならなくて済むようで、安心しました。

ひとたび「物」に溺れると、――物欲とか肉体的な欲に溺れると、人間というのはなかなかそこから浮かび上がるのはむずかしい。そういうふうに神様が人間をつくられたのだから仕方がないといえば仕方がない。けれども、だんだん目が覚める方向にいくみたいですが、それはあと百年ぐらいかけての話のようです。しかし大きな戦争になりそうにないので、安心しました。

科学の力とその限界を知る

ところが、空気や水やいろんなものが悪くなって、癌とかいろんな病気が起きるでしょう。環境が悪くなったら病気が増えるのは仕方のないことですが、しかし、科学の力で、環境の悪化を防いだり病気を治すこともできていくでしょう。同時に、科学の限界というのも、皆がもっと分かるようになるでしょう。

いくら物質的に豊かになっても、心が豊かにならないと、犯罪は増える。今のアメリカだって、だんだん増えるばかりですからね。

魂についての自覚

ですから三、四十年先になって、物だけではどうにもならないということをアジアの人たちがもっと自覚できるようになったら、その時にはアジアの人の方が、アメリカ人よりは、あるいはヨーロッパの人たちよりは、魂についての自覚がより早くできるように思いますね。そうすると、二十一世紀になると、ヨーロッパが主体でなくて、アジアが主体に、つまり指導的な立場になるでしょうね。

ヨーロッパの繁栄は、今から四、五百年前からでした。

それまでは、ヨーロッパというのは、蛮族みたいなものでした。いわゆるヨーロッパ文明というのは、ほんのここ四、五百年の間のもので、それ以前は蛮族だったのです。ローマ人から見れば野蛮人だった。ローマ人も、ギリシャの人たちから見たら、四千年ぐらい前には子どもで野蛮人でした。そのギリシャ人も、五千年、六千年前のエジプトの人から見れば、子どもで、文明の遅れた野蛮人でしたね。まあ、だんだん、野蛮人が文明人になって、文明人だった所は衰えていったのです。同じことが、あと百年もしたら、ヨーロッパに起きかねない。

とにかく、次第に、精神的なものを大事にする文明ができるようになりますね。

二〇〇四年の大戦はない

何はともあれ、二〇〇四年の大戦は起きなくて済みそうで、安心しました。戦争で大勢死ぬのは困りますから。

しかし人口がこれ以上増えても、食糧が不足してどうにもならないが、だんだん横ばいになるようです。今は、アフリカ、インド、中国でとても（人口が）増えている、アメリカでも増えている。日本では、減っているというか、横ばいですね。今増えてはいない。

人口が増えない国というのは、今までは、国が衰えていたのですが、これからはそういうことにはならないようです。日本については、世界の指導者になれるぐらいだといいのだけれども、独自のものというのは何もなくて、人真似ばかりする国だから、なかなか指導者が出ませんね、猿真似は上手だけど。独創的な人は、日本では居りにくいですからね。本当に日本は居りにくい、やりにくい国ですねえ。小さな集団を作って、小さな集団同士お互いに張り合っていて、やっぱり日本猿と似てるんじゃないかなあ。

以上、今朝、二〇〇四年の大戦についてのご神言があって安心したから、皆に伝えたいと思いました。


（一九九六・五・二八　朝行）

㈥　生きがいについて

今置かれた場所で、喜びを見いだす

皆さんは人間に生まれてきて、今まで何十年か生きて来られたわけですが、それぞれに自分の生きがいを見つけて、生まれてきてよかったと思いますか、それともそれが見つからなくて、何のために生きているのだろうと思うことが多いですか？

人間というのは、自分が前生でいろいろした行為によって今生でのあり方を決められているところがある。つまり、前生からのカルマによって、生まれる所とか、住むようになる所とか、出遭う事柄とかが決められて、いろいろなことが起きるわけです。

しかし、自分のカルマによって、たとえどんなに苦しい境遇にあったり、どんな場所に住んだり、行ったりした時でも、自分にとって、これをしたら人生が充実して生きがいがあると感じられるものを自分で見いだしさえすれば、どんなことでものりこえていけるのです。それを、自分と他の人と比べて、自分は今こういう境遇だからできないとか、こういう身体の状態だからできないと言う人は、どこへ行っても何もできない。

今置かれた場所で、その中にあって、自分はこれをやったら本当に生きがいがあるなあというものを自分で見つけることが大切なのです。

生きがいは、どこにでもある

生きがいを感じるようなことというのは、まず、自分に合ったものでないといけないですね。それから人の役に立って、人を助けられるような何かができるということは、自分の大きな生きがいになりますね。また、それをすることによって或る真理のようなものが分かるとか、あるいは、それをすることによって自分がどんどん成長できるようなものも生きがいになります。

それらのうち、どれが自分の生きがいになるか、生きる張り合いになるかは、人によって違いますが、自分がこれをやっていたら、すればするほど元気が出て、くよくよしなくてすむような何か、自分を充足さしてくれるような、満足さしてくれるような何かを見つけなきゃいけないですね。そういうものは、どこにでもある。どういう場所に行っても必ずあるのです。

というのは、神様がつくられたすべてのもの、すなわち自然であれ、人間であれ、文化であれ、何であっても、すべては神様から出たものであり、したがってその中にはすべて、神様のお力そのものが、いろんな形で含まれているのですから、それらのうちのどれかに、自分がしたいと思うことは、必ずある。あるはずなのです。

だから、それを自分で見つけるということは、そんなに難しいことではないのです。その気にさえなれば、必ずすぐ見つかるのですよ。そういうものを見つけて、それによって自分も生きられるし、人も助けられるし、人間とか自然とかの本質、真理のようなものがわかるようなものは、どこにでも転がっているわけです。

ですから、そういうものを見つけて、その中に精一杯入り込んでいって、それが成就できるように一生懸命働きさえすれば、そういう人は、自分がどこへ行こうと張り合いがあるし、どういう境遇に置かれようと、すぐに、自分で満足できる状態や仕事を見いだすことができるのです。

或るいい状態でないと何かができないと言うような人は、結局何もできない。どこへ行ったって、そんなにいい状態というのは、世の中にそうそうあるわけのものではないのです。人間が一生、百年生きたとしたら、本当にいい状態というのは、その百年のうちせいぜい一年か二年しかないと思いますよ。いい状態というのはそんなにあるわけはないのだから、自分で作らないといけないのです。

上手に心と身体のバランスをとる

でも、人間というのは生きがいばかりで生きられるかというと、やっぱり身体を持っていたり、心を持っている、また魂があるから、そこで、ふっと休まないといけないという時があります。また、いつもとまったく反対のことをして、心や身体のバランスをとる必要がある時もある。皆さんだって仕事が忙しくて、一生懸命にやった後には、休みをとってぼんやりしたり、ゴルフに行ったり、いろんなことをして、それによって心身のバランスをとるでしょう、日頃一生懸命にやろうと思うとね。

仕事というのは、一生懸命しようと思っても、いつもできるとは限らない。百しようと思うのに、そのうちの七十か八十ぐらいしかできない場合が多い。私の場合だと、研究したいと思っても、ご神占とか講演とかあって、なかなか実験の時間さえとりにくい。

そのように、誰にでも、忙しくなればなるほど百のうち五十ぐらいしか、したい仕事ができない場合がある。すると、どこかストレスが溜まりますね。そしてストレスが溜まると、誰でも身体の調子も、心の調子も少し不安定になるのです。

ですからそのストレスが解消できるような何かを自分で見いだして、自分の身体や心のバランスが保てるように常に努めることもまた、とても大切なことなのです。例えば日頃あんまり身体を動かさないような仕事をしている人ならば、自分に合った体操をするとか、運動に行くとかね。何でもいい、エキスパンダーでもゴルフでも何でも、血の巡りや体液の流れが良くなり、筋肉を鍛えられるようなものをやればいいと思います。

股関節体操で若返る

私の場合は、運動は経絡体操をしますが、最近は股関節体操[12]というのを考え出して、毎日やっていて、これはたいへん具合がいい。どういいかというと、一昨年でしたか、小豆島のご大祭がすんでから、清光先生[13]を寒霞渓へお連れした時に、山の上の洞窟のお宮へ行ったわけだけど、世話人の人たちや篠山の人たちなど、大勢で行ったから、皆に眺めのいい所を見せたいと思って、崖の所を駆け上がったのです。昔は身が軽くて、四、五百メートルぐらいの山だったら一五分か二〇分もあったら駆け上がってましたからね。

そのつもりで走って上がったのだけれども、大きな岩の上をピョンピョンと跳ねて上がったら、その途端に、ふくらはぎの筋肉が切れちゃったのです。ものすごく痛くて、切れた所が穴ぼこが開いたようにポコンとへこんじゃってね。猛烈に痛かった。けれども痛そうな顔をすると、皆が心配をするし、なるべく平気な顔をしていたが、社務所に帰ってから、篠山の人たちがお酢と卵で手当てをしてくれて助かりました。

ＩＡＲＰの四国支部[14]の講演は杖をついてして、治るのに二カ月ぐらいかかったのです。

この時はまだ、股関節体操はしていなかったのですよ。

ところが、この春から股関節体操をするようになって、ついこの前、清光先生を今度は箱根に連れて行ってあげた。その時に、玄嶽という所で、うっかり高い石垣の所をピョンと跳び上がったら、また同じ所が切れちゃったのです。プップップッと三つほど大きな音がしてね。そして猛烈に痛くなって歩けなくなっちゃった。

ところが、前の時は治るのに二カ月ぐらいかかったけれど、今度は二週間ぐらいで治ったのです。今は毎日朝夕二、三十回、立ったりしゃがんだりする股関節体操をしているから、あと二、三カ月もしたら、若い頃みたいにピョンピョン跳ね上がっても大丈夫になると思います。

頭をよく働かせるには

ところで、足ばかりでなく頭がよく働くようにしたいと思ったら、レシチンというのを飲むといいですね。レシチンに含まれるコリンというのが、神経と神経の間の伝達をするために働く物質だから、それが足りなくなると、頭が少し動かなくなる。私も四、五年前には長い電話番号がいっぺんに覚えられなくてね、二回ぐらい番号を見直しながらかけていたのですが、今はまたいっぺんで覚えられるようになった。レシチンのおかげかなと思うのです。

だけど、頭はやっぱり、頭の体操、つまり頭を使っていろいろと考えることをしないと、鈍くなると思いますね。私も今また大学の一年生かそこらの程度の微積分の勉強を一生懸命やっていますが、けっこう面白い。

以上のように、誰でも自分なりに工夫をして、自分の身体とか心が十分に働けるように努めることが大切だと思うのです。そうしたら身心ともに、現在の力より以上のものが得られるようになるのです。

嫌いなことをやると、殻が破れる

いつの場合でも、人間が進歩できるひとつのコツは、自分の好きなことばかりしていないで、自分の嫌いなこともするということですね。

好きなことは誰にでもできる。誰にでも、自分の好きなこととか性に合っていることをするのは易しいのです。しかし、自分の嫌いなことも一生懸命にするのは、案外、難しい。好きなことも勿論して、それで自分も楽しいし、人の役にも立ったりして、それで張り合いがあるのは、それはそれでいいのだけれど、それと同時に嫌いなこともする。そうすると、いつの間にか、嫌いなことが受け入れられるような人間に、自分が広がっていくのです。

好きなことばっかりやっている人は、それがその人の一つのタイプになってしまうけれど、嫌いなこともあれこれとやって、一生懸命にそれらを物にできる人というのは、いつの間にか小さな自分、つまり或ることだけができるという小さな自分の殻が破れて、だんだん何でもできるようになります。嫌いなことはしないような人は、やっぱりあんまり伸びないですね。

たいていの人間は、自分の好きなことしかしないですね。それは一般にそうだけど、そういう人間はいつまでたっても、あまり伸びない。そしてだんだん年が寄るほどに自分だけの考え方しかできなくなって、他人の言うことはわからない頑固じじいになったり、頑固ばばあになったりする。そういうふうにならないようにね。

若い時には、学校へ行けば、中学だの高校だので、自分がしたくない教科でも単位を取らなければ卒業できないから、みんな勉強しますわね。ところが卒業したら、自分の好きなことしかしなくなって、そういうのがだんだん嵩じてくると、頑固じじいや頑固ばばあになってしまう。

それでも、好きなことを徹底してすればいいのだけれど、徹底はしないで、好きなことだけをいい加減にして頑固になっちゃったのが、一番、具合の悪い人間になるようです。

だから、生きがいのあることと同時に、嫌いなこともしないと成長しないわけです。

さまざまなストレス解消法

ストレスというのは、誰にでも、どうしたってできるものなのですよ。

お釈迦様は、この世は苦であると観じられたわけだが、その「苦」というのは、自分の思うようにならない、それが苦しいということなのです。世の中には自分ひとりだけで成り立っているものは何もなくて、他との相互作用によってのみ成り立っている。だから自分が何かしようと思っても、周りの事情によってなかなか思うようにできない。人との関係、社会との関係、自然との関係などがからみあって、いろんな意味で思うようにできないことが、世の中にはいっぱいある。

したがって、思うようにできない苦しさというのは、誰にでもいっぱいあって、だから誰にでもストレスが溜まるわけですね。だけどそのストレスを、自分なりに解消できる方法を見いだせない人は、精神的に健康になりにくいのです。だから自分なりに、人の迷惑にならないようなストレス解消法を見つけることが大切ですね。

例えば、いつも本を読んだり、考えたりしている人では、心がいつも自分の内へ向いていて、外に向いていろんなふうに対応する働きが少し減るでしょう。そういうふうに、心が内に向いていていてストレスが溜まったような時には、例えばバイクに乗って走り回ると、もう、いつも心を外に向けておかないと危ないから、そこで、いつも内へ向いていた心が外へ向いて、そこでバランスがとれるわけです。そういうのもひとつのストレス解消法ですね。

そんな時にね、交通規則っていうのを守らなきゃいけない。それがまた、案外ストレスになっちゃうのです。そういう時には、よく注意をした上で、適当なところでパッと、規則を外すのもまたなかなか面白い。ただし、危険がないように十分に気をつけないとね。

だから、街の中で走るより、山の中とか信号機のない所で走り回るのが一番いいですね。

要は、自分がどういう形でストレスが溜まっているかをよく知って、それに合わせた解消法を、自分で見つけだすのが大切なのです。

経絡体操をするとか、公園を走ったりするのも、ストレス解消法としてはいいですね。

それでもおさまらないような人は、海でボートに乗って沖へ出て、自分の気にいらない上役などのことを、「あのバカヤロー！」とか何とか言って怒鳴ってみる、そうしたらホッとしますよね。何でもいいから、自分でそういう解消法をひとつ見つけないといけない。

最良のストレス解消法は、朝神社で坐ること

今の世の中は、非常にストレスが溜まりやすいですね。

一番いいストレス解消法というのは、朝、神社に来て坐る（坐行をする）ことです。坐っていると、今まで心の中にわだかまっていたこととか今気になっていることなどがいっぱい、雑念として出てくるでしょう。あれが一番いいストレスの解消法なんですよ。

皆ここへ来て坐ったら、まず最初に、今気になっていることとか、腹が立っていることとかがいっぱい意識の表面に湧き上がってくる。それを湧くままにして放っておきながら、神様の方へ心を向けて坐っていると、雑念として湧いてきたストレスは自

然にエネルギーを失って、心が安定するのです。

ですから、ここへ来て行をすることは、それによって悟りに至らなくても、心が安定するだけでも十分な効果があるのです。

そういう意味で、坐るということは、ストレスを解消するのにいいのです。だから坐っている時に雑念が湧いてきたら、いけないと思ってそれを中へ押し込まないで、湧いてくるのに任しておいて、そして神様の方に心を向けることが大切ですね。そしたら雑念は勝手に消えてなくなる。

それが、一番いい、お金が要らなくて、簡単で、非常に効果があるストレス解消法ですね。

（一九九一・六・三　朝行）

(七) 親の愛のない幼少期を過ごした人間の性格形成

人間が成長する上で、いかに親の愛、思いやりが大切であるかについて考えてみたい。

親の深い愛情と、本人のその時々の心についての親の理解の下にやさしくいたわられて育ったことのない人間、すなわち幼児期に、人間の人格形成の上で最も大切な愛、愛情を知らないで育った人間、——たとえば親が子どもをいい学校にやることに夢中で、子どもの能力とか好みとかをよく理解せず、自分の希望を子どもに託し押しつけると、子どもは親から愛情と理解、共感を得たい、いたわって可愛がってもらいたいのに、いい学校への目標を示され、それを達成するための勉強だけを強いられるようになる。しかしそういう子どもの心は、親という人間を信じられないで孤独になり、不安、恐怖を植えつけられる。

自己中心・人間不信と自主性の喪失

このような子どもは、親の言うとおりにして褒められることを求め、褒められると満足し、安心する。しかし心の奥底で、自分の本当の姿を知ってくれない愛情のない親に対して、孤独、不安、怒りが生じる。褒められても、親への不信感、孤独感、不安な心は癒されないで残る。ここから、自己を守る自己中心的性格が生まれてくる。

褒められて満足し安心するのは、愛情を求めても得られないことに対する代償的満足であり、子どもにとって真の満足ではない。ここから、人間への不信感も生じる。また、褒められると、その人が自分に愛情をもっているかのように錯覚する性格が、無意識の裡につくられる。

このような、褒められることを求め、親の言うとおりになる子どもの心は、次第に、自分で物事を判断して自主的に物事を行うという自主独立性が失われ、褒めてくれる人、指示や命令を与えてくれる人を無意識に求めて、その人に出会うと従属する、言うとおりになるという素質が次第に出来上がっていく。

他を物、自分の道具として扱う

この従属型人間は、愛のない生活を強いられたため、自らをも他人をも、人間として最も本質的特質である愛の欠けたもの、つまり物、道具として扱う性格が無意識の裡に養われている。

以上のような、愛情を知らず、孤独で不安、何かに脅え、自主性のない従属型人間も、また、他人に対して攻撃型の人間も、共に、親の愛情を知らずに育ち、孤独、不安を内心にもつ人間から生じる。ところがその両者の違いは何であろうか。それを次に考えてみよう。

たとえば或る国の或るカルト集団の教祖は、幼少から特殊な環境に送られ、親の愛情を知らず、周囲の友達や先輩からいじめられ、しごかれつつ成長したが、年長になると逆に後輩や友達を脅し、いじめつつ成人となった。親の愛情を知らず、幼年期に植えつけられた孤独と不安、恐怖の心は、他人からのいじめに対してさらに内心に脅えの心を増大させたであろう。同時に、他人には頼れない、自分は自分で守るしかないという信念を生ぜしめ、長じると逆に、人に対する復讐心、人を攻撃する心となり、愛情や愛を知らないで育ったために人を物、道具として扱う性格が必然的に生じたと思われる。

自分は自分でしか守れないという自己中心的な性格は、他の集団を排斥し、自らのみを正しいとする独占的、閉鎖的カルト集団を形成することになる。人を人とも思わない、「道具」としてしか思わない時、それに従属する人間は男も女も、カリスマの野望を実現するために使われる道具、性的道具にしかすぎない。

女性への復讐心

また、他の例を考えてみよう。或る男が継母の下で愛情のない生活を強いられ、やはり孤独と不安、人間、特に女性に対する恐怖心、嫌悪感をもつ性格の持ち主として成長した場合、長じると、無意識裡に、女性を道具として扱う一種の復讐心をもつようになる。このような人物が行をしてなにがしかの能力をつけて弟子をもった時、弟子のうちの女性を道具として扱い、自分の継母に対する復讐心を満足させている場合もみられる。

親の愛・思いやりが得られなかったために

以上のように考えると、親の愛情や愛と思いやりによってやさしく育まれなかったために、孤独、不安、人間不信、自己中心的性格を形成するに至った従属型の人間も、攻撃的カリスマ的人間も、共通していることは、人間を、愛のない、道具として扱うことである。自分が愛、愛情、思いやりをもって育まれなかったことが、自分をも他人をも人間としてでなく、物、道具として扱うことになった。

人間の成長過程において、愛、愛情、思いやりがいかに大切かが、これらのことを通じて明らかである。

「褒められること」で満足

従属型の人間は褒められることを望み、攻撃型カリスマ的人間は、自らを褒めること、自らを最高のものとして褒めることを好む。そして弟子達には、自分を最高のものとして褒めることを強制する。したがって、従属型も攻撃型も、褒められることで満足し、安心する。

（一九九五・七・一四）

(八) 人間の中の善人と悪人
――みんなの中の、ジキルとハイド

(N) 先日宮司様がジキルとハイドの話をされましたので、改めて読んでみることにして、今朝も少し読みました。まだ途中までですけれども、悪と善、あるいは魔と天使というか、どう表現したらいいかよくわかりませんが、人間の中の二つの要素は基本的には根っこは同じものなのでしょうか?

(本山) そうですね。普通はまあ同じようなものですね。

カラーナ次元の心とアストラル次元の心

要するに人間の中で、カラーナの心が働いている時には、理性で自分を反省することができる。自分の現在の状態を見ることができる。そういう場合、つまり自分のことを反省できる場合には、他人の心を直接に見ることはできないけれども、他人も自分と似たようなことを考えたり、悩んだり、行動したりするだろうと、他人の心を思いやることができる。要するに他人との共感ができるわけです、理性の立場に立てばね。そこで社会性が得られるわけです。

それからまた同時に、自然の現象の中から或る法則を見いだすというか、普遍的な真理を見いだすことができる。それがカラーナの次元の心、西洋流で言えば理性が、人間の中で働いているわけです。

ところがもう一つ人間の心には、身体に備わった感覚に結びついて働いている心がある。その感覚には、感情とか想念が必ず伴うのです。感覚というのがきっかけになって必ず感情とかイメージというのが起きる。たとえば蛇を見たらいやだなとか怖いなとか、それから可愛い女の子を見たら、あ、可愛いなとかね。それから狂ったようになっている人を見たら、あ、怖いという気がするでしょう。要するに感覚には必ず感情というのが伴うのです。

で、そういう感情は、基本的には自分の心の中に、感覚とか知覚とかというものを契機にして生じた、或る対象に対する快、不快という念であって（それがアストラルの次元での心の状態ですが)、そういうのは、結局は自分を守る、つまり自分を中心にして、あいつは駄目だとか、いやなやつだとか、気持ちのいい人とか、一緒にやりたいとかというふうな、自己中心の心なのです。

また、感情とか想念というのは、肉体的な欲望と非常に結びついている。たとえば食欲ですが、腹が減ったら美味しいものを食べたい、そして美味しいものを食べたら非常に美味しいという満足の感情があるでしょう。もともと感覚というのは、必ず本能的な、自分の身体を養い、守るためのものなのです。たとえばドライブする場合でも、向こうから来る車とぶつからないように、自分が安全に運転ができ、命が助かるように、ということが基本になって、目や耳や手足の感覚全てをフルに使って運転しているわけです。

アストラル次元の心は本能的に自分を守り維持するために働く

ですから、感覚の次元、つまり肉体的な次元で動いている魂というのは、非常に本能的に自分を守り維持するために働く魂なのです。食欲にしても、睡眠にしても、性欲にしても全てそうですね。ドライブしていて走っていると快感が生じる、それらも含めて全て、感覚的なものは本能的なもので、自分を守るというのがまず基本にあるわけです。

それから、感情とかイメージの世界は、まず自分を中心にして相手を見るわけです、快とか不快とか。ですから理性の立場に立って初めて、カラーナの次元に立って初めて、自分が考えたことが相手にも通じるような普遍性を持つことができる。ですから、そういうところで人間が動いていれば、それは善人ですね。他の人が成り立つようにという、愛とか智恵とかがそこでできるわけです。

理性による本能的欲望、感情の抑圧、規制

ところが、その理性が、本能的な欲望とか、社会性に合わない感情とかが自分をコントロールするのを抑えるのです。感情にしても、自分にとって面白くない感情はなるべく自分でも気づくまいとして、無意識の中に押し込むでしょう。

つまり人間の意識という場合には、必ず意識と無意識と両方あって、都合のわるいことは大抵無意識の中に押し込まれている。すなわち、今まで自分が経験して面白くなかったこととか、あるいは本能的なものとかが押し込まれているわけです。具合の

悪いものを押し込めて、全体としては自分がいつも相手に、或る人に対してはAという人格、他の或る人に対してはBという人格で行動ができるように自分を規制している。たとえば子どもに対しては親として行動するし、親に対しては子として行動するという面をみんな持っている。そのようにして、自分の無意識的なものを規制しているわけです。たとえばここの神社の御祭事の最中に、「腹が減った、ご飯食べに行く」と言ってお宮から飛び出して行くようでは困る。ですから自分の欲望をコントロールしなきゃいけない。

ジキルとハイド

ところが、コントロールする力が弱った時、つまり理性的な意識というものが弱った時には、抑えられてあった無意識が吹き出てくるわけです。そして、人によっては、都合の悪い感情や欲望が強く無意識の中へ押し込められている。

ところが無意識は、強く抑えれば抑えるほど本当は強いエネルギーをたくさん持つようになるのです。そして、そういう強く抑えられた結果、反って強いエネルギーを持った、都合の悪いもの、自分の欲望とか何とか都合の悪いものが意識の表面に出てくる時には、カモフラージュして出て来るのです。つまり意識をうまく騙して出てくるわけですね。

それがヒステリータイプの人ですが、そういうヒステリーの人ほど、つまり無意識のエネルギーの強い人ほど、無意識の内に抑えこまれた欲求が、意識を非常にごまかして、意識に是認される形で変形された姿で表面に出てくる。

そういう人では、実際は無意識に操られて非常に利己的なのに、自分も騙し、人も騙していて、自分ではそれが分からない場合が結構多い。で、そういうのがジキル博士の方で、それが、もっと理性とか意識が弱まって、無意識がもう本当に悪魔のような形で出てきた時が、明らかな悪（ハイド氏）なのですよ。

しかし、ヒステリータイプの人の場合は、ジキルとまでもいかないけれど、ともかく非常に巧妙に自分を騙している。

『平気で嘘をつく人たち』

で、そういう人たちの行動というのは、今さっき言ったように、感覚的なものとか感情とかいうのは自己中心のものだから、その人は最後に追いつめられた時には、あくまでも自己中心に動くわけです。そしてその時、何事によらず自分は正しくて、相手が悪いと、相手を非難するのです。そしてそういう人は自己中心だから、必ず自分に具合の悪いことは隠すのです。必ず嘘を言う。

この頃、『平気で嘘をつく人たち』という本[15]がよく売れているが、皆も読んでみるといいですね。催眠術をかけてみると、人間がいかに弱くて、いかに簡単に嘘をつくかがよく分かる。だからそういう意味では、人間ってあんまり信用できないんですな。本当に醜いものです。自分の醜さをうまくごまかして嘘をつく。そういう人は、弁護士とか政治家とかの中にも結構多いのです。大義名分のようなことを言うけれども、本当は自分のためだけに動いている、そういうのが多いですね。そういう人は嘘をついて平気なのです。そして極端になると、自分を守るためには人を殺しても平気になっちゃうわけですね。

で、そういう無意識の中に感覚的なもの、あるいは本能的なもの、あるいは感情とかイメージとかいうものが隠されているわけですね。で、それが端的に顕れ出てきた時には明らかな悪で、それがハイドというわけです。

それから無意識が意識をごまかして出てきて、意識がそれをごまかされて受け入れている、そういう時は、本当にその人がしている行為を見てみないと、その人の言っていることだけ聞いていると、ごまかされちゃう。つまり、そういう人はいろんなうまいことをよく言うのです。言うけれども、本当は実際にその人がした行為そのものが、その人の本音なのです。そういう嘘つきは、非常に言葉はうまい。要するに詐欺師ですよね。そういう人は、いろんなことを、相手がそうだなと思うように非常にうまく言うのです。

自分の欲に自分が騙され現実が分からないと

ところがまた、そういう人の言葉を、そうだなあと全く信じこむ人というのは、いわゆる衆愚なのですよ。要するに、非常に現実が分かっていない人がごまかされちゃうわけです。それから自分の中に、或る欲がある場合に騙されるのです。

たとえばねずみ講[16]というのがあります、かつての豊田商事みたいな。つまり世間の普通の常識では、お金を預けて一〇パーセントも二〇パーセントも利子が付くようなものは何にもない。ところが「うちでは一〇パーセントの利子をあげます、あるいは二〇パーセントあげます」と言われると、たとえば退職をして、もう収入がない、つまり先細りになるような人の場合、うまい話だと思って飛びつくケースが多い。

それはつまり、自分が先行き困ると思って不安定だからなのです。不安定な状態にあるのに、お金がもっと欲しいという欲があるわけです。安全に暮らしたいという欲がある、しかしお金がちょっと足りない。そういうとき、うまい話、あり得ないようなうまい話にすぐぱっと飛びついちゃうわけです。それが実際に、結構立派な人、今まで社会的にも名声があって立派な人の身に起きているケースも多い。そういう人が定年退職して、十分家もありお金も人並以上にあるのに、もう少し安定したくて、ちょっとその、何というか、欲が出た。で、その家を抵当にして、幾らか借りた。その借りたお金を出したら、初めの一回か二回かは十パーセント支払われて来たかも知れないけれど、あとは全然何も来なくなっちゃった。それで交渉しても、まだ会社がうまくいっていないと言うのが豊田商事で、あれで何百億も、かかわった人はみんな損したわけです。

つまりね、自分が不安定で欲がある時に、その欲をうまく利用されて騙されるのですよ。自分に欲がある時に、カラーナの次元のような高い次元の意識で、理性的にちゃんとものが、現実が見られれば自分の欲も理性的に反省し、見られるのだけれども、見られない時には、意識が無意識にうまいことごまかされる。自分の欲に自分がごまかされるのです。そういう時に豊田商事のようなのに騙されるのです。欲があって不安定な時に、名声があって立派な人でリタイアした人が、簡単にひっかかるのです。

ですから、人間というのは、本当に立派そうに見えても、みんな自分の本能的な欲望とか、自分の利益を得たいとかというのから、なかなか逃れられないのが今の人間なのですよ。どんなに立派そうに言っていても、中身はみんな想念というわけです。ですから、そういう意味では、人間というのは、信じられる者は誰もいませんね。

マホメットの言葉

しかしそういうものを超えたところでものが見られるようになった人は、人間のそういう弱いところを弱いところで認めながら、それを引っ張っていける。本当に目が覚めて、自分の考えたことが本当に他の人と合う、あるいは現実の社会を動かせるようになるのです。

で、まだそこへ行っていない人は、言わばみんな嘘つきなのですよ。多かれ少なかれみんな嘘つきなのです。

マホメットがうまいことを言っていますね、「どんな場合でも本当に自分を捨てて神様に従って人のために尽くせる人は、十人のうち一人しかいない。また、いつでも何をしても悪いことばかりする、人を平気でやっつけたり殺したりするような悪い人も十人のうち一人はいる。あとの八人は、周り次第、環境次第で悪人になったり、善人になったりする」と言っています。要するにその時その時で自分をうまいこと調節して、ハイドになったりあるいはジキルになったりするわけです。

ま、大体みんなそうで、自分は正直で絶対大丈夫だと思える人間はまずいないわけです。

たとえばロサンゼルスで、白人の警察官が黒人を本当にいじめた。それで、日頃の鬱憤、民族的な差別に対する鬱憤が、それをきっかけに吹き出して暴動が起きたことがありましたね。そしたら白人も黒人もスパニッシュも何もかも、みんなくるめてデパートへ押し入っていろんなものを取ってきたり何かした。日頃は法に従って立派に暮らしている人も大勢そういうことをしたのです。社会が無秩序になり、規制ができなくなった時、こういう現象がよく起きます。

先ごろ、中学生の子どもが小学生の子どもを殺した事件がありました。これも、つまりは自分の中で自分を規制をする力をもてない子どもがハイドになってしまうわけです。

ですから、皆さんの中にだっていっぱいあるのです、ハイドは。

誰の中にもあるジキルとハイド

（N）ええ、そう思って、ギクッとしました。

（本山）誰の中にも、少々の違いはあっても、皆あるのです。いつも私が言うでしょう、今の人間は四分六で出てきているってね。四分悪くて六分いいこととして生まれ変わってきているのだから、おおよそ四分の悪はいつもみんなの中にあるわけです。そしてそれが状況次第で四分六が八分二分ぐらいになっちゃう、悪いのが八分で。環境次第ってわけです。

本当に誰からも規制をされないで自由になった時、何をしてもいいというふうな状態になった時、――（私の）海軍での経験ですが、海軍には特攻隊で行ったのです。久里浜の兵学校の分校にいました。それで、終戦になった時、もう負けてしまって、軍隊は解散なのだから、何を持って帰ってもいいというわけです。そしたらね、その当時は、自分のうちにラジオがあったり、電話がある家は割合少なかった。それで、電話機を引きちぎって自分の行李（こうり）の中に入れた奴がいた。

ともかく人間というのは、ああいう時には何をするか分からない。国のために一生懸命、命をかけて働こうと思っていたんですよ、みんなね。ところがいざ、規制がなくなった、つまりもう上から何も言われなくなった、何をしてもいいとなったら、そうやってすぐ泥棒するわけです。

で、僕はどう思ったかと言うと、潜水艦を一台持って帰って乗り回そうと思った。電話機と比べたら、大泥棒の方かな。しかしそれで何かしようというんじゃなくて、海の中を走り回ったら面白かろうと思っただけなんですけどね。毎日潜水艦には乗っていたから、一台持って帰って瀬戸内海で乗り回そうと思った。

ところが進駐軍(17)が来て早いとこ取ってしまったから、持って帰れなくなった。しかし終戦後、瀬戸内海の底には、戦争中にいっぱい機雷を敷設してあったことが判った。だから、今思うと、潜水艦を持って帰って乗り回していたら機雷に当たって死んでいたかもしれない。ま、人間ってそんなものですよ。

無意識の力の強い人

ですから、アメリカで何かする時には、まず相手を信じないというところが基本になっている。ところが日本の企業の人たちは向こうへ行っても、お互いを信じ合うというところから出発する。で、アメリカへ行ったらまず、人は信用できないというところで始まるから、人を雇う時には、これこれ、これだけのことを必ずしないと給料を減らす、または辞めさせるという契約をするのです。つまりお互いに信用していないから契約書を書くわけです。信用していないというところで人との交渉が始まるわけです。日本は人をお互いに信用し合っているところで交渉が始まるから、非常に違うのです。

しかし、どこの国でも、みんなジキルとハイドなのですよ、多かれ少なかれね。そして、無意識の力の強い奴ほど不安定になって、嘘をついて、そのくせ人に騙されやすい。あるいはまた非常に疑い深い。

いろんな形で出てくるけれど、疑い深いうちの方がまだましですな。簡単に、自分の心の欲とか無意識的なものに騙される人というのは、本当にすぐ詐欺の餌食になってしまいます。ですからそういう人は守ってあげなきゃいけないと思うんですよ。

親鸞聖人の説かれた善人と悪人

（N）　あのう、ハイドとそれから親鸞の言う悪とはどこかつながるのでしょうか。

（本山）　え？

（N）　親鸞の言われる「悪人」の悪、自分で自覚している「悪」と、それから無意識の中に悪を押し込めている「善人」というか、そういうものと……。

（本山）　うん。親鸞は、さっき話したような、ジキルとハイドの、ハイドのところかな、そういうものが人間の中にいっぱいあることをよく知っていられた。隠れた悪を無意識や感覚の中にみんなもっているわけですよ。自分が成り立つように（感覚はそのためのものですから）と考えることは、極端に言えば他の奴を殺してもよろしいということなのですから。自分を守るということは、国と国が戦争をする時には、相手の国をやっつけるわけでしょう、沢山の人を殺して。

ですから、自分を守るということが、自分を守るために他から、社会や困難から逃げるという形をとった場合でも、これは悪なのです。そういう人ばかり増えたって社会が壊れてしまいますからね。これに対し、直接相手をやっつけて殺すようなのは、その悪がラディカルになったというか、顕現したわけです。

どっちにしても、潜在的にしてもラディカルにしても、悪はみんな持っているわけです、人間はね。で、そういう悪を親鸞は非常に自覚していられた。親鸞は嫁さんが七人も同時にいたわけでしょう。当時の仏教から言えば、とんでもない奴ですよ、本当にどうしようもない奴ですよね。しかしその自分の欲望を認めて、認めただけでなく、実際に実行した。で、自分が悪人だと思わざるを得ないわけです。ハイドがもっと明らかになったというか、自分の欲に忠実だったかもしれないが、悪人だといつもいつもさいなまれていたわけです。

（N）　どちらがいいんでしょう。（一同、笑）

（本山）　で、悪人だから「私は悪人です」と神様や仏様の方へ向いて、もう平身低頭して自覚ができた時に、親鸞は、沢山嫁さんを持っていたけれどもそういうのを超えたところへ行ったのですよ。だから、「善人面をして人にうまいことを言って、実際にしていることはその反対の、自分に都合のいいことばかりしている本当の悪人よりも、人間が悪をもっていることを他人にも自分にも隠さないで認め、自覚して、それを超えたところへ行こうとする、そういう悪人が悟れないわけはない」と言いたいわけです。

(N) そこまで行けばいいんでしょうけど、なかなか行けないいんでしょうか。

(本山) そうですね。分かりましたか。

親鸞は、真面目だが、色情が強かった。それで超えたわけです。だから、親鸞の言うことは有り難いわけでも何でもない。色情が強かったけれど、ぱっと超えた、だから有り難いといえば有り難いけれども。

要するに悪をもっているのが人間の本来の姿だから、善人が悟れるんなら悪人が悟れないわけはないという、そこのところですね。しかし善人というのを本当は親鸞は信用していなかったと思います。というのは、人間は皆欲が突っ張ったような、あるいは本能的なものに負けるようなものをもっているのですから。

京都の祇園の街では、こう言われているそうです。「石をぽんと投げたら、それはまず最初に坊主の頭に当たる」ってね。そして、「次には大学の先生に当たる」って。(一同、笑) 京大の教授たちもしょっちゅう祇園に通っていたんでしょうね。一番通っているのは坊主なのでしょう。

一休禅師の場合

一休さんだって、親鸞と似たような口ですね。祇園の街で石を投げたら、まず当たるのは坊主の頭ということは、女と遊ぶのは坊主が一番多いということですから。

ですからみんな、口では立派なことを言っているけれども、中身は醜い骸骨だというわけです。一休さんの画いた絵に、女が骸骨を抱いている、あるいは骸骨同士が抱き合っている絵があったでしょう。一休さんはそういうものを本当にはっきり自覚をしていたわけですよ。なら一休さんは女を持たなかったかというと、いっぱい女を持っていた（笑）。親鸞とよく似ている。

そういう、人間の中にある悪というか本能的なものをはっきり認めて、それでそれを超えたのが親鸞や一休ですね。二人とも、当時としては気違いじみたことをしたけれども、本当は悟っていたわけです。

悟るということ

しかし、そういうところまで行って悟ったのでない者だって、悟ったように言う。いろいろな人たちが悟ったように言うけれども、それ達は本当に悟ってはいない。その違いが分かりますか？

（Ｎ）　悟るところまで行けず、途中で中途半端な人は……？

（本山）　中途半端な奴はつまり、隠れて先斗町へ行くわけです。自分の悪いことを知っていてそれをごまかしてやっていたら、そういうやつは悟れないというわけですよ。

だからと言って、では、自分も親鸞さんや一休さんみたいにやって悟ろうかと言ったって、それは、普通の者がそういうふうにやれば、それは地獄行きになってしまう。

悟るというのはやっぱり大変なのですよ。一休さんだって、もう死ぬより他ないと思って、嵐の日に、舟に乗って琵琶湖へ出て、じっと乗っていたというのでしょう。そういう捨て身のところがないと、悟れないですね。そして捨て身のところができてきたら、人間がいかに汚いかというのが自覚ができるのです。

その、汚い自分、それに意識がごまかされて自覚ができない人間は、もう地獄に堕ちているのですよ。だからそういう意味では、今もうすでに、みんな地獄に堕ちているのです。地獄に行っていなくても、すでにもう地獄へ堕ちているのですよ、みんな同じように。だから皆、ジキルとハイドなのですよ、多かれ少なかれ。四分六分だから、みんなジキルとハイドなのです。

なぜ人は悪をなすか

では、どうして人間は皆四分六でジキルとハイドなのか。

人間の心の中に元々そういう悪がはびこっているのはどうしてかというと、それは、人間の精神が、元々、自己凝縮をする、自分だけで纏まって固まろうというふうな、物の原理から出てきているからです。水だって、凝縮するでしょう。ぽとんと落ちたら一つの滴になるでしょう。あれでも判るように、物は、何でも自分で固まっていないものは何もない。それなりにみんな固まるわけです。そういう自己凝縮の物の中に隠れていた、物の中にある精神が、だんだん神様の力で引き上げられて、人間の精神として現在のところまで進化はしているけれども、そこには依然として、物の力、つまり自己凝縮、自分を守る、自分を保存することを何より優先して自分を守るという物の精神の本質が、本来の成り立ちから残っている。

ですから、なぜ人間が悪いことをするかというと、人間は元々物の中から出てきて、自己凝縮という物の原理に支配されているからで、そこから抜け出た人というのは何百万人に一人もいないのです。みんな、自己凝縮、自分だけを守ろうという物の中から出てきたから、元々自分を守るようにできているわけです。

悟るためには

ですから人間というのは、悪をするようにできている、本能的に自分を守るためだけに動くようにできているのです。それに気がつかないで、自分は社会的に見たらそれなりにちゃんと正しくできていると思い込んでいる人の中にも、みんなそういう悪があるわけですね。そういうのを、親鸞にしても龍樹にしても一休にしても、みんな悟ったわけです。

でもそれを悟るには、弘法大師にしても、捨身ケ嶽というところの崖から、幾つの時か忘れたが、本当に仏様がいらっしゃるのだったら助けていただきたいと言って飛び降りて助かったと伝えられています。自分の欲を、悪を突き抜けた人というのは、皆命をかけて真実を、神仏を求めたのです。ちょうどお代様が双子の浦から飛び降りた[18]ように、自分の命を捨てた時に神様に会えたのです。命をかけて、自己凝縮という、自分だけを守ろうという、そういう命をぱっと捨てて初めて、神様とのつながりができた。それができた人が本当に悟ったわけです。

普通の人たちは、みんなそれができていないのだから、みんな、ジキルとハイドなのです。皆さんもそれをよく自覚した方がよろしいですな。みんな悪を持っている、みんなジキルとハイドで、みんな不真面目なんですなあ。

ということは、皆自分がよく分かっていないということです。自分もジキルとハイドだとよく自覚をするようにね。そしたら悟りが何かというのが分かります。

今日はこれだけにしましょう。今日の話は本当は難しい、しかし有り難い話なのですよ。悟りとは何かという、その真髄を話しました。

分からない人はジキルとハイドなのです。みんな本当に分かるといいけれども、本当に分かるためにはやっぱり身を投げないと分からないですね。

（一九九七・一二・一二　朝行）

㈨ 現実と自分の考えの違いを知ること
――或る県の、各委員会の委員を務めている人の質問に答えて

（A） 県から、入院していた精神障害患者の退院許可の妥当性をめぐる問題について審議をする委員会の仕事を頼まれましたが、最近佐賀県で起きた、十七歳の少年によるバスのハイジャック事件の例もあり、患者が退院を強く望む場合、退院させてあげた方がいいのか、入院を続けた方がいいのか、その判断をどういう観点から行なったらいいのでしょうか。

（本山） 精神障害者は、自分が思っていることと外にある世界との区別が付かないのです。自分が思っているように外の世界が動いていると思っている。動かせると思っている。そういう場合は外に出してはだめなのです。外の世界と自分の中で思っていることとの区別がつくようになったら、もうまともなのですが、その区別がつかない間は決して外に出してはいけないのです。

精神的障害とカルマ

今までの心霊相談での経験から言えることは、精神的障害のある人は、その人の前生、あるいはその家の先祖に、人を殺すとか、自分が殺されるとかいうカルマがある人が多いのです。前生での、殺したり殺されたりしたときの憎しみとか恐怖とかの感情から、なかなか出られないのですね。

だから前生で人を殺したりした人が、また今生でも人を殺す場合も多いのです。殺された場合は、同じ精神障害でも双極性障害になる場合が多い。殺している場合は統合失調症になる場合が多い。統合失調症の人はなかなか治らないですね。

双極性障害の人は、前生のカルマを教えてもらって、それがよく理解できて、自分の魂の中に残っている前生の恐怖心から抜け出られるように、自分で一生懸命にお祈りをすれば、治る場合があるのです。

これに対し、統合失調症は、今いろいろな説があるけれど、治るのは難しい。例えば、大脳基底核というところが大脳皮質の一番下の方にあって、そこの黒質というところからドーパミンというのが出過ぎると統合失調症になる、というふうに言われているけれど、では、ドーパミンを抑制したら治るかというと、一時鎮まることは鎮まるけれど、決してそんなものでは治らないのです、魂がゆがんでいるわけですから。身体とか脳というのは魂が創り出したものだから、肝心の、創り出す方の魂が異常な場合には、身体の方にも異常が起きる。ですから身体の方だけ薬で治しても精神に届かない。

だからなかなか治らないのです。

精神障害についての診断は難しい

ですから、入院中の精神障害患者を外に出すか出さないかは、その患者が、自分の考えていることと現実とは違うということが理解できるようになれば外出とか退院とかさせてもいいけれども、「いろいろ言っているけれども、この人は、現実と自分の思いとが区別がついていない、自分の思う通りに何でもできると思っている」という場合には、出したら危険なのです。

そういう区別があなたには今はできないと思うし、専門の医者であっても、その区別を見きわめることはなかなか難しいのです。僕の弟子の中にも精神科の医者とか教授をしている人が何人もいますが、普通の内科とか外科の医者の場合は、患者の訴えを聞いて、それに基づいて診断をして、その診断をしたら、今度は検査をして本当にそうかどうか確かめる。

ところが精神科の場合は、確かめる手段がないのですよ、客観的にね。患者が言うことは大体嘘が多い。だから、患者はAだと言っているが、その裏側の、患者にAと言わしている元になっている感情とか想いとかは一体何か、というのを探り当てられるようになると、精神科の医者としては一人前なのです。患者の言っていることをそのまま信じたら、精神科の医者にはなれないのですよ、患者は嘘を言うから。

意識機能の弱さから

というのはね、人間の心は、無意識と意識からなっていて、無意識というのは、自分のしたいことをいっぱいしたいわけですよ。欲望とか憎しみとかという自己保存の本能がその内容だから。で、意識が、そういう本能的欲望がそのまま出るのではだめだから、それをコントロールして、出ようとするのを抑えるのです。そしてその意識が、人間の魂のカラーナの次元の良心に従って動いている限りは、無意識を抑えることができる。

ところが精神障害を患っている人は、意識の機能が非常に弱くて無意識が強いから、絶えず嘘を言うのです。というよりか、自分で嘘をついているというのが分からない場合もあるし、分かって嘘を言っている場合もあるし、いろいろなのです。

しかし何れにしても患者は現実に合わないことを言っているから、それが現実に合っていないと、医者は先ず正しく判断できなくてはいけない。

で、患者は自分のしたいことをしたいわけですよね。だから人を殺しても自分が得になることをしたいのです、精神障害の人は。それで、それをうまくカモフラージュしてごまかすわけです。そういう知恵は発達しているのです。無意識というのはごまかすのが非常に上手なのですよ。無意識の強い人ほどね。

表面でごまかして言っていることと、後ろに隠れているものとの見分けがつかないと、精神科の医者にはなれない。それがなかなか難しいのです。あなたの場合、自分の力には合わないと思いますよ。「この人は、自分が言っていることと現実とが違うと分かっているかどうか」ということは、その人をよく見ていると何となく分かってくる。しかし今のあなたにそれができるかどうか。専門の医者にとってもとても難しいところなのです。そういうところに気をつけたらいいですね。

人間というのは、ひと皮むくと、つまり意識が弱まると、狂ったようになっちゃう。瞑想してても、意識の状態が弱まってくると、自分の中にある無意識、妄想が出てくるわけですが、それらが鎮まって初めて、神様の方に繋がれるのですよ。

そこまで行く前に留まらないようにね。

現実と自分の考えとの違いを知るように

他に質問はないですか。皆だまりこんじゃったね、自分の中に異常性があると思ったら。

でも、皆誰でもそうなんですよ。人間というのは、もともと大体そういうものなのです。だから安心したらいい、自分の中に、こんなへんてこりんな、とんでもない奴がいると思っても。皆お互い様なのです。ただ、いかにそれをコントロールできるかというところで違ってくる。

それから、現実と自分の考えとの違いが分かる人が偉いのです。そういう人は本当にものをコントロール、支配することができる。

普通の意識の働きは、時間、空間の中で、脳の働きと結びついて働く。しかし前生から来る記憶とか意識の働きは、時間や空間を超えたところで働いているから、脳には分からない。けれども時間や空間を超えたところで動いている意識が、脳や脳と結びついて働いている心をいろいろ操るわけです。だから始末が悪いのです。

神様と親とに感謝を

でもほとんどの人は四分六分で生まれている。つまり悪いことが四つで良いことを六つしたから人間に生まれてきた。良いことをした方が多いので人間に生まれてきたわけです。そうでないとなかなか生まれてこられないのですよ。生まれてこられたということは、悪いことをした割合よりも、良いことをした割合の方が多いということなのです。

二分八分くらいの人は立派な人、五分五分の人は精神に障害があるかもしれない。零分十分といったら、それは神様だ。

四分六分と零分十分ではたった四つの差のようだけれど、零（ゼロ）にするのは大変なのです。皆さんも思い当たるような顔をしていますね。まあ、四分六分でいいのです。そして人間に生まれてきたというのは、とても幸福なのです。

だから親や神様に感謝しないとね。

（二〇〇四・九　朝行）

(十) 人類の未来について

無事に大祭[19]が済みました。ありがとうございました。

いつも、大祭のご祭典の間、皆さんが玉串を上げているときに、(私は) 神様のところにお伺いをして、「これから先、人間がどういうふうになるのでしょうか。国や世界はどういうふうになるのでしょうか」というのをお伺いするのです。

今日のご神言によると、近いところでは、あと三年ぐらいの間は世界は今の状態が続き、三年から五年ぐらい経ったときに世界がいくつかの大きなブロックに分かれるようですね。例えばソ連[20]ならソ連のブロックができるし、ヨーロッパはヨーロッパでEC[21]のブロックができる。アメリカは北アメリカ大陸の中でブロックができる。アジアはアジアでブロックができる。

そのブロックの形成がうまくできるか、できないかで、ブロック形成の過程でやはり少し争いが起きるみたいですね、今のような小さな争いでなくて。

で、そのブロック化がうまくいったところで、ブロックに分かれた世界、つまり地球社会になる前の状態が何十年か、五十年ぐらいか続くんでしょうね。

「人類はいつまで続くのでしょうか」

最後に神様に、「いったい人類というのは、いつまで続くのでしょうか」と伺ったのですが、神様はいつまでとは、あまりはっきりとは仰せにならなかったのです。

ところで、今の物質文明の中での人間の生活の豊かな状態を見て思うのは、現実の生活が、皆さんが死んだら誰でも行く霊の世界、つまりアストラルの世界の状態にだんだん近づいているように思いますね。

だけどそこには、いつも争いがあるんですよ。そういう争いを超えたところに行くのには、やはり人間がもっと霊的に進化をして、仏教でいう浄土の世界、ヨガでいうカラーナの世界の心の状態に高まらないといけないと思うのです。

というのは、今のほとんどの人間の心というのは、自分の感情とかイメージといいますか、自分の狭い固い考え方に支配されている状態で、今の人間にとっては、感情をコントロールすることが非常にむずかしい。そしてそれが同時に、アストラルの心の状態なのです。ただ、アストラルの世界とこの世と違うところは、この世では心に対して物の独立性が強いが、アストラルの世界では、心で思うことによって、物がある程度自由に動かせるということなのです。

自己愛が強い状態のまま

ところが現在、物質文明が非常に進み、だんだん物のコントロールが容易になってきましたね。つまり、この世がだんだんアストラルの世界に似たような状態になってきたわけです。そしてこれからはそれ以上に、人間の、物を支配する力が進んでいくと思われます。超伝導の実用化とか、あるいはそれよりもっと進んだ技術が生まれるでしょう。

今は物質のエネルギーをいろいろな形で使っているが、「物」をつくり出している物のエネルギーでなく、「物」の反対のもの、つまり反物質というものを使えるような時期があと四、五十年したら来るかと思われます。反物質というのは、今この世に物としてある物とはまったく反対の性質を持っているのですが、そういうものが自由に使えるようになると思うのです。

反物質というのは、実は、我々には知らされずにもうすでに科学者の世界では使われているように思うのですよ。私どもが、神様のお力をいただいて、皆さんの病気を力を送って治したり、心霊手術（私もメキシコで実際に行なったわけですが）を行なうときには、術者が手や力を患者の身体の中に自由に入れたり、あるいはＰＫの力によって物が壁を通過したりするような状態は、一つには、今できている物と反対の、反物質の性質を使っているのだと思うのです。つまり身体とか壁という「物」が無くなってしまうわけですよね。

で、そういう反物質というものを使えるような科学技術が、四、五十年もしたら完成されるのではないかと思うのです。

そのときに、人間が依然として現在のように、自分の感情のコントロールができなくて、自己愛が強い状態が続いていたら、やはり人間が滅びる時期が早くなるように思いますね。

神の愛と智慧に目覚めた人たちは神の御許へ行く

しかしその頃には今よりももっと、神様の愛とか、それに基づいた智慧に目覚めた人間も次第に増えてくるように思うのです。そしてこれらの人々の力が強くなったときには、それが五百年ぐらい先なのか、千年の間か、二千年か三千年の間か分からないけれども、神の国がこの世に実現するのだと思います。

そういう時期が来たら、本当に皆が物も自由に使えるけれども、心も自由になる。すなわち、自分の心を神様の方に向けて、皆と調和と一致を保ちながら、物の世界を享受でき、しかも物の世界にとらわれなくなると思うのです。

そして、そういう物の力にとらわれない、自分の感情にとらわれない、神様の智慧とか愛に目覚めた人たちが神様のところにかえっていくし、自己愛に堕ち、物の力、自分の感情に支配された人間は、やはり物にかえるのだろうと思うのです。

で、そのとき、――神の国がこの世に実現して、それが何千年続くのか、神様ははっきりおっしゃらなかったのですが、自分にとらわれない、神の愛に目覚めた人は神の御許に行き、物に堕ちた人が物にかえったときが、この世の中に人間が住めなくなる時期なのかもしれませんね。

地球の上に人間が生まれてから、まだたった三、四百万年ぐらいしか経っていない。地球ができてからは四十億年か五十億年ぐらい経ったわけですが、やはりいつかは、人間が住めないような、生物が住めないような状態に地球が変わる時期が来るのかもしれません。人間が人間の力で地球を壊してしまうということはないと思うんですけれども、それでもやはり、地球に生物が住めなくなる時期が来るのかもしれない。

そういうふうに伺っていると、今まで四百万年か五百万年生きてきたかもしれないけれども、人類の生存というのも、はかないものだなあと思われますね。しかし本当の智慧や神の愛に目覚めた人は、やっぱり神様のところで永遠に生きられるのだなあと思います。

「物」になってしまう魂と、神の御許で永遠に生きる魂

今、人間は、アメリカにしても日本にしても、豊かな生活ということに現《うつつ》を抜かしているけれども、そういうものは本当に頼りないものなんですね。そういう物質的な豊かさというのでない、本当の神様の智慧や愛に目覚めた生き方をしていかないと、いつかは「物」になってしまう魂と、神様のところで永遠に神様と一つになって生き

られる魂とに分けられてしまうようですね。

神様と一つのところには、この物の世界では知らないような幸せな世界、智慧と愛があって、皆が本当に自由に生きられる、そういう幸せな世界があるように思うのです。

そういう世界に行けるようになるか、ならないかは、自分の心がけ次第ですね。自己愛だけが強かったり、あるいは自分の感情に左右されて、人のためにならないようなことをいつもしでかしてしまうような人、言いかえると「物の力」に溺れてしまっている人は、地獄に堕ちるというよりは、物に堕ちて物になってしまうのでしょうね。

そうならないように、神様の教えをいただいて、皆で精進していきたいと思います。五百年だの、二千年だの、あるいは五千年だのという年月は、すぐ経ってしまうと思いますよ。長い時間のようでも、実際にはほんの僅かな間だと思います。

今日は、以上のようなご神言をいただきました。

自分だけ、自分の国だけ、自分の民族だけの利益を求める生き方は続かない

近いところでは、先ほどお話ししたように、三年か、五年ぐらいのうちに世界がいくつかの大きなブロックをつくるようになるとのご神言でした。それまでの過程として、今いろんな変革が起きているわけですね。こうした変革のときに当たって、一人ひとりの人間が、身体と心と魂をもち、そのいずれもが個人性と社会性を備えもった全体的存在としての自己を自覚して、個人的な自由をもちながら、地球社会の中の共同体の一員として、社会の規律や道徳を守り、地球社会全体が調和をもって成り立つような生き方を心がけていけたら、いつの間にか神様の方へ近づいていけると思うのです。自分だけ、あるいは自分の国だけ、自分の民族だけの利益を求めるという生き方では、やはり「物」になる方に傾いてしまうと思います。

神様は今日、何千年か先のことをお示しになったようですから、「物」だけを追いかけているような今の生き方を改めていきたいと思います。「物」を中心とした人間の生活というのは、たとえ大きな企業であっても、今度の証券会社や銀行のバブル景気のような具合に、崩れるときが来たらたちまち崩れてしまうのです。ソ連のような大国の組織がいつまでも続くように思っていても、崩れるものはすぐに崩れてしまう

のです。

物というのは、必ず壊れるのですから、物の原理に従っているものは必ず壊れるのが当たり前なのです。永遠に続くものは、物にはないわけです。

神様の智慧や愛、それは、他を成り立たせ、支える力で、自分というものがない。自分を他に与える力ですね。これに対して、物というのは、自分だけを支える力ですね。そうして、神様の「他を支える力」は永遠に続くが、物の「自分だけを支える力」は、続かないのです。それは、例えばソ連の崩壊を見てもわかるように思います。

今日は、皆さんが榊をお供えしている間に、以上のようなご神言を伺いました。——皆さんにお伝えしていいのか、悪いのか、少しためらわれたのですが、ご神言として戴いたのですから、お伝えしていいと思うのです。皆さんもこのご神言を忘れないで、死んだら間違いなく神様のところへ行けるように精進して下さい。

死んでからもずっと続くものは、結局智慧と愛しかないように思うのですよ。「物」は本当にそのときだけのもので、済んでしまえば本当にそれだけのものですね。なにも残らない。そういう「物」につかまって、とらわれないようにね。

「物」は神様からいただいたものだから大事に使わないといけないけれども、自分の必要以上に無駄に使うことはないですね。皆さんがどんなに大きくなったからといったって、畳一畳あれば寝られるし、一日に三合のお米と何リットルかの水があれば生きていける。必要以上に贅沢をしたからといって、それは豊かで、便利で、幸せには違いないけれども、しかしそれだけでは決して幸せにはなれないのは、皆さんもよく分かっているでしょう。必要なものは神様が必ず下さるのですから、現代の豊かな生活を感謝して楽しみながら、同時に「物」に堕ちないように。そして本当に神様の智慧と愛を体現できるように努めて下さい。

これからの生き方
――神の智慧と愛の体現を目標に生きる

神様の智慧と愛の体現とは、つまり、神様が皆にして下さっているように、皆も他の人びとに思いやりをもち、そして相手が成り立つように働くことなのです。

人間というのは、一人だけで生きているのではなくて、大きな自然の中で、また皆がいる社会の中で生きているわけですから、自然を壊さないように、相手の人も成り立つように心がけ、行動する。そういうふうに生きることが、本当の神様の智慧と愛の体現だと思います。

今年は、大神様ご降臨の六十周年に当たりますね。来年は満六十年になります。だんだんに会員の方も増えてきました。折伏をしたわけでもないし、ぜひ入れと勧めたわけでもないけれど、自然に増えてこられたので、来年はまたテント(22)の数をいくつか増やさないといけないかも知れませんね。このご大祭には、皆さんと共に、たくさんの霊《みたま》もお詣りされています。その数は、何万も何十万も、あるいは何百万にもなると思われます。生きてここへ詣っている皆さんだけでなく、そういう霊たちもくるめて皆が、神様の真の智慧や愛に目覚めるようにお祈りをしたいと、ご神言を伺いながら思いました。

では、今日はこれで終わります。皆さんご苦労さまでした。

(一九九一・一〇・二三　本宮大祭)

註

（1）経絡とチャクラとのつながり

チャクラとは、人間の生命エネルギーのもっている七つの中枢のこと。その生命エネルギーの流れるチャンネルである経絡やナディ、チャクラの実在に関して、著者は一九五〇年代より長年にわたり、東西医学の実験法、検査方法を用いて実験し明らかにしてきた。従って経絡とチャクラ、及び各神経系とのつながりに関する研究報告、著作は数多い。詳しくは、本山博『宗教と医学』（名著刊行会　一九九二）所載の「三、チャクラ、ナディと経絡、経穴（心身相関の秘密）――支那医学、インドヨガと西洋医学との出会い』他の諸論文、『気の科学』（宗教心理出版　二〇〇九）、『微細エネルギー系（経絡）、分極の電気生理学的証明』（宗教心理出版　近刊）等を参照して下さい。

（2）十年か二十年か前の実験から明らかになっています

本山博『Psiと気の関係―宗教と科学の統一―』（宗教心理出版　一九八六）所載の「第一部 Psiと気の関係―チャクラ、Psi能力、経絡、気エネルギーの関係について―」他を参照して下さい。

（3）リクルート事件

リクルートグループ企業「リクルートコスモス」の未公開株が政治家や官僚らにばらまかれた事件。一九八八年に川崎市助役への株譲渡発覚を契機に政治実力者への譲渡が表面化、竹下首相は退陣に追い込まれた。

（4）豊田商事

一九八一（昭和五六）年、永野一男が創立、組織的な詐欺により、老人で一人暮らしのような人達に金の地金の購入契約をさせ、現物は顧客にわたさず証書を渡す方法で約千億円以上を集めた。詐欺で捜査中の昭和六〇年六月に、永野一男は自宅で取材班の前で刺殺された。

（5）オカルトブーム

一九七〇年代から一九九〇年代にかけて「超能力」「人類滅亡予言」等をテーマにした出版物、テレビ番組、記事等が流行しもてはやされたことを言う。

（6）「神の国の実現」

玉光神社では、すべてのお祈りの初めに、

『顕界と霊界に霊的進化と調和がもたらされ　此の世に神の国が実現されますように』

と心に念じてから自分のお祈りを始めるように指導されている。

（7）入我我入

仏教で、仏の身・口・意の三密が我（行者）に入り我の身・口・意の三業が仏に入ること。すなわち仏と一体になり仏の力を備えた境地を言う。

(8) 今年はご神言が正月にあった

今年とは一九八九年　玉光神社で毎年の元旦に著者が戴いた玉光大神のご啓示、ご神言の記録とその註釈を集めた『啓示された人類のゆくえ』（本山博　宗教心理出版　一九九三）所載の「一九八九年　地球社会へ向けて」（二一六頁）を参照して下さい。なお同書には、「毎年の元旦にご啓示戴いたご神言、神の予言の内、記録に残っている一九七四年から一九九三年までのもの」（著者）を収録してあり、続く一九九四年より二〇一二年までの記録は、本山博『啓示された人類のゆくえ〔Ⅱ〕』（宗教心理出版　二〇一七）に収められている。

(9) 経絡体操

各経絡、各関節および各チャクラを効果的に刺戟して身心を健康にするために、数百種のアーサナの中から著者が組み立てた体操と、著者の新しく考案した体操との組み合わせによる一連の体操。心身の健康維持・促進・向上と、瞑想の準備・補助のために大きな効果がある。詳しい内容および指導についてはＩＡＲＰ本部（東京都三鷹市井の頭四―一一―七　電話〇四二二―四八―三五三五　http://www.iarp.or.jp）にお問い合わせ下さい。

(10) **組の会**
玉光神社の信徒が幾つかの組に分かれ、信仰を深める目的で祈りや座談や読書研究を行なっていた会。

(11) **『呪術・オカルト・隠された神秘』**
本山博『呪術・オカルト・隠された神秘—心の成長と霊の進化の宗教学—』（名著刊行会　一九九一）。

(12) **股関節体操**
仙骨・股関節矯正体操のこと。詳しくは本山博『人間はどこから来てどこへ行くのだろうか』（宗教心理出版　二〇〇二）所載の「三　身体の健康とは何か　どうやったら健康になれるか」（一〇八頁）他を参照してください。

(13) **清光先生**
著者の生母、余島清光師（ご神名 浄光照清光之神）

(14) **四国支部**
ＩＡＲＰ（国際宗教・超心理学会）の四国支部。活動の具体的他詳細なことは、ＩＡＲＰ本部にお問い合わせ下さい。

(15)『平気で嘘をつく人たち』という本

副題「虚偽と邪悪の心理学」（M・スコット・ペック著、森英明訳、草思社文庫二〇一二）

(16) ねずみ講

無限連鎖講のこと。金銭を集めて新規に講の加入者となり、その下に新たな二人以上の会員が加入して金銭を集め、その新たな会員の下にまた二人以上の会員が加入していくというように、ある子会員が講元・新会員・数代前の新会員などに金銭を送ることを順次繰り返すことで、加入以上の金銭が得られるとする一種の金融組織。昭和五四年に無限連鎖講防止法（一般に、ねずみ講防止法と呼ばれる）で禁じられた。

(17) 進駐軍

進軍した他国の領土に留まっている軍隊を指すが、特に第二次世界大戦後の一九四五年八月以降に日本を占領した連合国軍を指す。米軍が主体で、ダグラス・マッカーサー元帥が最高司令官となり、総司令部（GHQ）が東京に置かれた。一九五二年のサンフランシスコ講和条約で日本の主権が回復され進駐が終了した以後は駐留軍と称された。米英中ソの四カ国からなる最高司令官の諮問機関として対日理事会等もあったが、実質はアメリカ軍の占領でありその占領政策が連合国軍の対日占領政策として日本を左右した。

(18) お代様が双子の浦から飛び降りた

本山キヌエ『玉光神社教祖自叙傳』（宗教心理出版　一九七五）「四、御神名の由来と母の信仰」（二三頁）を参照して下さい。

(19) 大祭

毎年十月二三日に香川県小豆郡北山の玉光神社本宮で奉斎される「玉光神社　秋の大祭」のこと（前日祭は十月二二日）。

(20) ソ連

ソビエト社会主義共和国連邦のことで、一九二二〜九一年、世界で初めての社会主義国家として存在した。一九一七年のロシア革命を経て一九二二年に最初は四つの社会主義共和国でソ連が結成され、プロレタリア独裁国家とする立場がとられていたが、一九八〇年代後半の改革によって連邦各国の独立等を招き一九九一年にソ連は崩壊、ソ連を構成していた時の国数よりは減ったが独立国家共同体を構成した。その中でロシアが代表となって現在に至っている。

(21) EC

欧州共同体。第二次世界大戦後、ヨーロッパ再建のためにあった地域統合機構、欧州経済共同体（ＥＥＣ）、欧州石炭鉄鋼共同体（ＥＣＳＣ）、欧州原子力共同体（ＥＵＲＡＴＯＭ）の三機関を一本化した地域経済統合体。一九六七年に原加盟国フランス、ドイツ（西ドイツ）、イタリア等の六カ国で発足し、一九八六年には一二カ国になり、加盟国内の関税は無く、域外諸国へは共通の関税が課せられた。その後域内の労働力移動の自由化や通貨制度の枠組み設定、一九九二年の「市場統合」を経て、一九九三年にはＥＣをより発展させて欧州連合（ＥＵ）となった。

(22) テント

式典参列者のための日除けのテント。

本山博講話集『神様の真似をして生きる』第一巻に誤りがありました。
次のように訂正させていただきます。

〔訂正箇所〕　二七九頁「編集後記」一行目

誤　（二〇二五〜）
↓
正　（一九二五〜）

宗教心理出版

「本当の信仰・宗教とはどのようなものなのでしょうか」

等の質問に沿って選ばれました。著者はそれらの約四十編を、

「信仰」

「神様の真似・愛」

「超作」

「人間」

の四つに分けて纏めました。


この度これらを「本山博　講話集」として出版するにあたり、編集部では「信仰」「人間」を第一巻、「神様の真似・愛」を第二巻、「超作」を第三巻に収め、講話集全三巻の総タイトル、サブタイトル、各巻のサブタイトルを著者の講話中の言葉から選びました。各巻各章の内容は著者の構成のままです。

これら四十編を選び纏めた当時、著者の生活は多忙を極めていました。神社を中心とした宗教活動（宮司としての毎月の祭事の奉斎とその後の講話、信者会員の霊的成

長のための朝毎の坐行指導と講話、講演会、世界平和のお祈りと信者会員・学生たちのための神霊相談、ＩＡＲＰ国内各支部および世界各国における行・研究に関する講演、講義、ＣＩＨＳ及び宗教心理学研究所における実験研究（物理的エネルギーと精神的・霊的エネルギーとの相互作用と転換作用に関連した微細エネルギー系の電気生理学的解明）とそれについての論文執筆、ＣＩＨＳの運営・講義と実験指導・論文指導等を行っていました。

その間には胃がん手術とその後の定期的検査、各種内視鏡検査、抜歯に伴う顎手術、心臓カテーテル挿入手術とその四カ月後の心臓バイパス手術、難聴検査、全身に及ぶ重症蕁麻疹、鼠径ヘルニア、胃がん手術跡のヘルニア手術等もありました。

著者は、選出し編集した諸編の最終的な編集・出版作業を宗教心理出版編集部に託しましたが、編集部ではそのころ著者が次々に執筆した『気の科学』、『随筆集　思いつくままに――ある科学者・宗教者・神秘家の記録――1・2』、『死後の世界と魂土地の神々』、『微細エネルギー系（経絡）、分極の電気生理学的証明』の出版に追われ、とうとう二〇一五年九月の著者逝去までに完成できませんでした。

この度、本著の出版にあたり、玉光神社二代目宮司本山一博、元一橋印刷株式会社原田育洪、玉光神社会員赤井俊夫、元宗教心理出版編集部員佐久間正子、同山田悠来、同高山直幸の諸氏に大きなご助力とご教示を頂戴いたしました。出版上梓が大変遅れましたことを、著者と、著書をお待ちくださった読者の皆様に心からお詫びを申し上げますとともに、ご協力くださいました皆様に心から感謝申し上げます。

（二〇一八年一〇月一九日　　本山カヲル）

著者略歴

1925　香川県小豆島に生まる
1951　東京文理科大学（現筑波大学）哲学科卒業
1956　同大学院博士課程修了
1957　科学基礎論学会（京都）講演（「超感覚的なものと科学」）
1958　東京文理科大学記念賞受賞（「東西神秘思想の研究」により）
1960　宗教心理学研究所設立・所長
1962　文学博士（哲学・生理心理学）
　　　アメリカ、デューク大学にて、超常的能力の電気生理学的研究に関し研究と講義
1963　インド、ラジャスタン大学にて、ヨーガの電気生理学的研究に関し研究と講義
　　　著書『宗教経験の世界』がユネスコ哲学部門優良図書に推薦される
1964　デューク大学にて、超常的能力の電気生理学的研究に関し再び研究と講義
1969～70　インド、アンドラ大学大学院客員教授（超心理学、生理心理学）
1972　国際宗教・超心理学会（IARP）設立・会長
1977　イタリア学士院アカデミア・チベリナ正会員
　　　スペイン、第2回世界超心理学会副会長
1980　アメリカ『ジャーナル・オブ・ホリスティックメディスン』誌編集委員
1983　インド、ヒンズー大学医学部ヨーガ研究センター海外委員
1988　ブラジル、国際オールタナティブセラピー学会にて特別講演
1989　アメリカ、フェッツアー財団にて特別講演
1990　フランス、第1回人体エネルギー国際大会にて特別講演
1991　南カリフォルニア大学院大学（SCI）日本校設立・学長
　　　中国での、鍼灸医学と自然医学大会にて基調講演
1992　フランス、第2回人体エネルギー国際大会にて特別講演
　　　カリフォルニア人間科学大学院大学（CIHS）設立・学長
1993　ブラジル、アドバンスド・メディカル・アソシエイション理事
1994　本山人間科学大学院・日本センター（MIHS）を設立・学長
1995　カナダ、第3回鍼灸医学と自然医学国際大会にて基調講演
1996　J.B.ライン博士生誕百年記念賞受賞
1997　コスタリカ国連平和大学にて講演
　　　カリフォルニア大学ロサンゼルス校（UCLA）メディカルセンターで行われた「仮想現実と超生物学」シンポジウムで特別講演
2000　コスタリカ政府関係者の招聘による講演会とコスタリカ国連平和大学でのＡＭＩワークショップ（サン・ホセ）
2005　ハワイ大学にて講演（「宗教とテロリズム」）
2015　逝去

本山博講話集　神様の真似をして生きる―本当の宗教、本当の信仰とは―
第１巻　信仰　人間

2019年5月23日　発行

著　者　本山　博
編集者 発行者　本山カヲル
発行所　宗教心理出版
〒181-0001　東京都三鷹市井の頭4-11-7
TEL 0422-48-3535
URL http://www.syukyoshinri.com
印刷所　モリモト印刷株式会社

Ⓒ Hiroshi Motoyama　2019, Printed in Japan
装丁＝山口真理子
ISBN978-4-87960-071-4